Las Cosas Que Me Gustaría Decirte:

Lo Que Pienso Cuando Estoy Triste.

Charles Robert

DEDICATORIA

Para todos los niños y adolescentes,

En el maravilloso viaje de la vida, sé que a veces los senderos pueden parecer oscuros y los vientos pueden soplar con fuerza. Este libro está dedicado a ustedes, los valientes exploradores de emociones, quienes enfrentan desafíos con una fuerza interior que nunca deja de sorprenderme.

A cada uno de ustedes, que luchan contra la tristeza, la incertidumbre o el miedo, les ofrezco estas palabras como un faro de esperanza en medio de la tormenta. Puedan encontrar en estas páginas un refugio seguro donde explorar sus sentimientos, donde descubrir que no están solos en su viaje emocional.

Que estas palabras sean un recordatorio de que está bien sentirse triste, está bien pedir ayuda y está bien ser exactamente quienes son. Que encuentren consuelo en la idea de que las nubes grises eventualmente se disipan para dejar paso a un cielo azul brillante.

Que cada página de este libro les brinde una chispa de alegría, una pizca de sabiduría y un abrazo cálido en los momentos difíciles. Porque cada uno de ustedes merece brillar con toda su luz en este mundo.

Con amor incondicional y una profunda admiración, dedicado a mis sobrinos: Isamar, Yurbrinnys y Ezequiel,

Charles Robert.

AGRADECIMIENTO

Queridos lectores,

Es con profundo agradecimiento que escribo estas lineas. No hay palabras suficientes para expresar mi gratitud por acompañarme en este viaje a través de las páginas de 'Las cosas que quisiera contarte: lo que pienso cuando estoy triste'.

A todos aquellos que han sido parte de mi inspiración, a los niños cuyas emociones han sido mi más grande lección, a mis colegas y amigos que han compartido su sabiduría y apoyo, y a mi familia, cuyo amor incondicional ha sido mi roca en cada paso del camino, les dedico estas palabras de agradecimiento.

Agradezco profundamente a cada lector que ha tomado el tiempo para sumergirse en este libro, espero que hayan encontrado consuelo, comprensión y herramientas útiles para apoyar el crecimiento emocional de sus seres queridos.

Que este libro sirva como un recordatorio de que nuestras emociones son valiosas, que sentir tristeza es humano y que el amor y la empatía pueden iluminar incluso los momentos más oscuros.

Con gratitud y cariño,

Charles Robert.

INTRODUCCIÓN

Es un placer darles la bienvenida a este viaje de comprensión emocional. En estas páginas, exploraremos juntos las complejidades de las emociones de nuestros hijos y cómo podemos apoyarlos mejor en su viaje emocional.

Desde la felicidad más radiante hasta la tristeza más profunda, cada sentimiento merece ser comprendido y validado. A través de historias, consejos prácticos y reflexiones personales, descubriremos cómo fortalecer el vínculo emocional con nuestros hijos y crear un entorno de confianza donde puedan expresarse libremente.

Que este libro sea una fuente de consuelo y orientación en los momentos difíciles, y un recordatorio del amor incondicional que compartimos con nuestros hijos.

ENTENDIENDO LAS EMOCIONES DE TU ADOLESCENTE

Entender las emociones de tu adolescente implica adentrarse en la complejidad de su mundo emocional en constante cambio. Comprender estas emociones requiere empatía, paciencia y una disposición a escuchar activamente.

Reconoce que los adolescentes experimentan una amplia gama de emociones, desde la alegría y la excitación hasta la tristeza y la ira. Es importante brindarles un espacio seguro y libre de juicios para expresar sus sentimientos. Fomenta la comunicación abierta y honesta, y muestra interés genuino en sus experiencias emocionales.

La tristeza puede manifestarse de diversas formas en los adolescentes. Algunas señales pueden incluir cambios en el estado de ánimo, como irritabilidad o apatía, dificultades para dormir o concentrarse, pérdida de interés en actividades que antes disfrutaban, cambios en los hábitos alimenticios, aislamiento social y expresiones de baja autoestima. Observa estos signos con sensibilidad y busca oportunidades para conversar con tu adolescente sobre lo que está sintiendo.

Recuerda que cada adolescente es único y puede expresar sus emociones de manera diferente. Sé paciente y comprensivo mientras exploran juntos su mundo emocional. Si la tristeza de tu adolescente persiste o interfiere significativamente en su vida diaria, considera buscar el apoyo de un profesional de la salud mental para obtener orientación adicional y recursos para ayudar a tu hijo a sobrellevar sus emociones.

La comunicación abierta es un proceso interactivo en el que los individuos se expresan de manera honesta y receptiva, compartiendo pensamientos, sentimientos y preocupaciones de manera franca y respetuosa. Aquí algunas claves para comprender mejor este tipo de comunicación:

1. **Escucha activa:** La comunicación abierta implica escuchar con atención y empatía. Presta atención no solo a las palabras que se dicen, sino también a los sentimientos y emociones detrás de ellas. Haz preguntas clarificadoras y demuestra interés genuino en lo que la otra persona está expresando.

2. **Expresión sincera:** Anima a todos los miembros de la familia a expresar sus pensamientos y sentimientos de manera sincera y honesta. Fomenta un ambiente donde no haya temor al juicio o la crítica, sino donde se valore la autenticidad y la apertura.

3. **Respeto mutuo:** Es fundamental establecer un ambiente de respeto mutuo en la comunicación familiar. Reconoce y valida las opiniones y emociones de cada miembro de la familia, incluso si no estás de acuerdo con ellas. Evita interrumpir o invalidar las experiencias de los demás.

4. **Afrontamiento constructivo:** La comunicación abierta implica abordar los conflictos y desafíos de manera constructiva y colaborativa. En lugar de evadir o evitar los problemas, busca soluciones juntos y comprométanse a trabajar en equipo para resolverlos.

Ahora, sobre cómo fomentar la empatía familiar:

1. **Modelar el comportamiento:** Los padres y cuidadores pueden fomentar la empatía familiar al modelar comportamientos empáticos en sus interacciones diarias. Esto incluye mostrar comprensión y consideración hacia los demás miembros de la familia, así como hacia personas fuera del hogar.

2. **Promover la comunicación abierta:** La comunicación abierta es un componente clave para cultivar la empatía familiar. Al alentar a los miembros de la familia a expresar sus pensamientos y sentimientos de manera honesta y receptiva, se crea un ambiente propicio para comprender las experiencias de los demás.

3. **Practicar la escucha activa:** Escuchar activamente a los demás miembros de la familia es fundamental para desarrollar la empatía.

Fomenta la atención plena durante las conversaciones familiares y haz preguntas para comprender mejor las experiencias y perspectivas de los demás.

4. Fomentar la resolución de conflictos: Resolver los conflictos de manera empática y colaborativa ayuda a fortalecer los lazos familiares y promueve la comprensión mutua. Anime a los miembros de la familia a expresar sus preocupaciones de manera respetuosa y a buscar soluciones que satisfagan las necesidades de todos.

Al priorizar la comunicación abierta y la empatía en la familia, se establece un ambiente de apoyo y comprensión mutua que promueve el bienestar emocional de todos sus miembros.

La importancia del apoyo emocional

Construir un entorno de confianza en la familia es fundamental para fomentar el bienestar emocional y promover relaciones saludables. Aquí hay algunas herramientas para construir y mantener esa confianza:

1. Comunicación abierta y honesta: Fomenta un ambiente donde todos los miembros de la familia se sientan seguros para expresar sus pensamientos, sentimientos y preocupaciones de manera honesta y sin temor al juicio. Escucha activamente a cada miembro de la familia y valida sus experiencias emocionales.

2. Establecimiento de límites claros: Define y comunica claramente los límites dentro de la familia, incluidos los límites personales y familiares. Esto ayuda a crear un ambiente seguro donde cada miembro se sienta respetado y protegido.

3. Práctica de la empatía: Fomenta la empatía entre los miembros de la familia alentándolos a ponerse en el lugar del otro y a comprender sus perspectivas y sentimientos. La empatía promueve la comprensión mutua y fortalece los lazos familiares.

4. **Apoyo incondicional:** Brinda apoyo emocional incondicional a cada miembro de la familia, independientemente de las circunstancias. Hazles saber que siempre pueden acudir a ti en busca de consuelo, orientación y apoyo.

5. **Resolver conflictos de manera constructiva:** Enseña a los miembros de la familia a resolver los conflictos de manera respetuosa y constructiva, buscando soluciones que satisfagan las necesidades de todos. Evita los ataques personales y fomenta el diálogo abierto y honesto.

6. **Crear rituales y tradiciones familiares:** Establece rituales y tradiciones familiares que promuevan la conexión emocional y fortalezcan los lazos familiares. Esto puede incluir actividades como cenas familiares regulares, noches de juegos o salidas familiares.

La importancia del apoyo emocional en la familia radica en su capacidad para promover el bienestar emocional y la resiliencia en todos sus miembros. Al construir un entorno de confianza donde se fomente la expresión emocional y se brinde apoyo incondicional, se crea un espacio donde cada miembro de la familia puede crecer y florecer emocionalmente.

La validación y aceptación son elementos esenciales en la construcción de relaciones saludables y sólidas. Exploremos diez estrategias para ofrecer apoyo efectivo a través de la validación y aceptación, fortaleciendo así los vínculos emocionales en las relaciones interpersonales.

- **Escucha activa:** Practica la escucha activa al prestar atención completa a lo que tú hijo está expresando, mostrando interés genuino y evitando interrupciones.

- **Refleja los sentimientos:** Valida los sentimientos de tus hijos repitiendo sus emociones en tus propias palabras, mostrando comprensión y empatía.

- **Evita juzgar:** Abstente de juzgar o criticar los sentimientos o experiencias de tus hijos, ya que esto puede minar su confianza y dificultar la comunicación abierta.

- **Valida las experiencias:** Reconoce y valida las experiencias únicas de ellos, incluso si no las entiendes completamente. Demuestra respeto y aceptación hacia su perspectiva.

- **Expresa empatía:** Muestra empatía al ponerte en su lugar y comprender sus sentimientos y preocupaciones desde su punto de vista.

- **Ofrece apoyo incondicional:** Brinda apoyo incondicional a tu hijo, asegurándole que estás ahí para ayudarlo en cualquier circunstancia, sin importar qué.

- **Valida los esfuerzos:** Reconoce y valora sus esfuerzos por expresar sus emociones y comunicarse contigo de manera abierta y honesta.

- **Proporciona retroalimentación constructiva:** Ofrece retroalimentación constructiva de manera respetuosa y considerada, centrándote en ayudarlos a crecer y aprender.

- **Promueve la autocompasión:** Anímalos a practicar la autocompasión y el autocuidado, reconociendo sus propias necesidades y priorizando su bienestar emocional.

- **Celebra los logros:** Reconoce y celebra sus logros demostrando aprecio por sus esfuerzos y contribuciones.

Al aplicar estas estrategias de validación y aceptación en nuestras relaciones interpersonales, podemos fortalecer los vínculos emocionales y crear un ambiente de apoyo y comprensión mutua. La validación y aceptación son fundamentales para cultivar relaciones saludables y satisfactorias basadas en el respeto, la empatía y el amor incondicional.

Navegando juntos por la tristeza

Entender y manejar los desencadenantes emocionales en nuestros hijos es fundamental para promover su bienestar emocional y ayudarlos a desarrollar habilidades de autorregulación. Aquí hay un plan de acción paso a paso para identificar y abordar los desencadenantes emocionales en momentos difíciles:

Paso 1: Reconocer los desencadenantes emocionales

- Observa los patrones de comportamiento de tu hijo y las situaciones que parecen provocar reacciones emocionales intensas. Estos desencadenantes pueden ser eventos específicos, como conflictos con amigos o desafíos académicos, o factores ambientales, como cambios en la rutina o situaciones estresantes en casa.

Paso 2: Comprender las emociones subyacentes

- Una vez identificados los desencadenantes, ayuda a tu hijo a explorar y comprender las emociones subyacentes que surgen en respuesta a esas situaciones. Anima a tu hijo a expresar lo que siente y a identificar las emociones específicas que experimenta, como tristeza, enojo, ansiedad o frustración.

Paso 3: Validar las emociones de tu hijo

- Valida las emociones de tu hijo mostrando comprensión y empatía hacia lo que está sintiendo. Hazle saber que está bien sentirse de esa manera y que sus emociones son válidas y legítimas. Evita minimizar o ignorar sus sentimientos, incluso si no entiendes completamente su perspectiva.

Paso 4: Desarrollar estrategias de afrontamiento

- Trabaja junto con tu hijo para desarrollar estrategias de afrontamiento efectivas que le ayuden a manejar sus emociones en momentos difíciles. Estas estrategias pueden incluir técnicas de respiración profunda, mindfulness, ejercicio físico, hablar con un adulto de confianza o participar en actividades relajantes como la lectura o el dibujo.

Paso 5: Implementar un plan de acción

- Una vez que hayan identificado los desencadenantes emocionales y desarrollado estrategias de afrontamiento, crea un plan de acción específico para ayudar a tu hijo a manejar sus emociones en momentos difíciles. Este plan puede incluir pasos concretos que tu hijo puede seguir cuando se enfrenta a un desencadenante emocional, como detenerse a respirar profundamente, identificar sus emociones y buscar apoyo cuando sea necesario.

Paso 6: Practicar y revisar el plan de acción

- Practica el plan de acción con tu hijo en situaciones de la vida real y revisa su efectividad juntos. Ajusta el plan según sea necesario y anima a tu hijo a utilizar las estrategias de afrontamiento aprendidas de manera regular.

Al seguir estos pasos y trabajar en colaboración con tu hijo, estarás equipándolo con las herramientas necesarias para identificar y manejar sus desencadenantes emocionales, promoviendo así su bienestar

emocional y su capacidad para afrontar los desafíos de la vida de manera saludable y constructiva.

Reconocer la importancia del autocuidado familiar y abordar la tristeza de manera saludable son aspectos fundamentales para promover el bienestar emocional en el hogar. Aquí hay algunas formas de practicar el autocuidado como familia y abordar la tristeza de manera saludable:

Practicar el autocuidado como familia:

1. Establecer rutinas de autocuidado: Dedica tiempo regularmente para actividades que promuevan el bienestar físico, emocional y mental de cada miembro de la familia, como hacer ejercicio juntos, practicar la meditación o disfrutar de hobbies.

2. Fomentar la comunicación abierta: Crea un ambiente donde los miembros de la familia se sientan cómodos expresando sus necesidades y emociones. Anima a todos a compartir cómo se sienten y a apoyarse mutuamente en momentos difíciles.

3. Planificar tiempo de calidad juntos: Dedica tiempo regularmente para actividades familiares que fomenten la conexión emocional y fortalezcan los lazos familiares, como jugar juegos de mesa, hacer una caminata juntos o tener noches de películas.

4. Priorizar el descanso y la relajación: Asegúrate de que cada miembro de la familia tenga tiempo suficiente para descansar y recargar energías. Establece límites saludables en cuanto al uso de dispositivos electrónicos y promueve un ambiente tranquilo antes de dormir.

5. Buscar apoyo externo cuando sea necesario: Reconoce cuando la familia necesita apoyo adicional y no dudes en buscar ayuda de profesionales de la salud mental o de otros recursos comunitarios disponibles.

Abordar la tristeza de manera saludable:

1. Fomentar la expresión emocional: Anima a los miembros de la familia a expresar sus sentimientos de tristeza de manera abierta y honesta. Valida sus emociones y brinda un espacio seguro para que compartan lo que están sintiendo.

2. Explorar las causas subyacentes: Ayuda a tu familia a explorar las causas subyacentes de la tristeza, ya sea por eventos específicos o por cambios en la vida cotidiana. Identificar estas causas puede ayudar a encontrar soluciones efectivas.

3. **Practicar la empatía: Mu**estra empatía hacia los miembros de la familia que están experimentando tristeza, demostrando comprensión y apoyo incondicional. Hazles saber que estás ahí para ellos y que pueden contar contigo en todo momento.

4. **Buscar actividades de bienestar emocional:** Busca actividades que promuevan el bienestar emocional de tu familia, como practicar la gratitud, realizar actos de bondad aleatorios o involucrarse en actividades artísticas o creativas.

5. **Promover el autocuidado individual:** Recuerda a cada miembro de la familia la importancia de cuidar de sí mismos durante períodos de tristeza. Anímalos a practicar actividades que les traigan alegría y les ayuden a mantener un equilibrio emocional saludable.

Al practicar el autocuidado como familia y abordar la tristeza de manera saludable, estarás creando un ambiente de apoyo y comprensión mutua donde todos puedan crecer y florecer emocionalmente.

Reconociendo las Señales de los Trastornos Psicológicos

Es crucial estar atenta a las señales de posibles trastornos psicológicos en nuestros hijos, así como a las señales tempranas que podrían indicar la necesidad de intervención y apoyo. Aquí te presento cómo reconocer estas señales y ejemplos de cambios en el comportamiento y el estado de ánimo:

Reconocer las Señales de los Trastornos Psicológicos e Identificación de Señales Tempranas

1. **Cambios en el comportamiento:** Estar atento a cambios significativos en el comportamiento de tu hijo, como el aislamiento social, la irritabilidad frecuente, la falta de interés en actividades que solían disfrutar, cambios en los hábitos de sueño o alimentación, y dificultades en la escuela o en las relaciones con amigos y familiares.

2. **Síntomas físicos inexplicables:** Prestar atención a síntomas físicos que no tienen una causa médica evidente, como dolores de cabeza o de estómago frecuentes, fatiga extrema o quejas recurrentes de malestar general.

3. **Expresiones de pensamientos negativos:** Observar expresiones de pensamientos negativos, como autocrítica excesiva, sentimientos de desesperanza o inutilidad, y menciones de querer hacerse daño a sí mismo o a otros.

4. **Dificultades en el rendimiento académico:** Estar al tanto de cualquier deterioro significativo en el rendimiento académico de tu hijo, así como de problemas de atención, concentración o memoria que puedan interferir con su capacidad para aprender.

5. **Cambios en las relaciones interpersonales:** Observar cambios en las relaciones de tu hijo con amigos y familiares, como evitar el contacto social, discusiones frecuentes o cambios en la dinámica familiar.

Tipos de Cambios en el Comportamiento:

1. **Retirada social:** Tu hijo puede comenzar a pasar más tiempo solo, evitando el contacto social con amigos y familiares.

2. **Irritabilidad:** Puedes notar un aumento en la irritabilidad o la frustración, con respuestas exageradas a situaciones cotidianas.

3. **Cambios en el sueño o el apetito:** Tu hijo puede experimentar dificultades para conciliar el sueño, despertarse frecuentemente durante la noche o experimentar cambios en el apetito, como comer en exceso o no comer lo suficiente.

4. **Bajo rendimiento académico:** Puedes observar una disminución en el rendimiento académico de tu hijo, con dificultades para concentrarse, recordar información o completar tareas escolares.

Ejemplos de Variaciones en el Estado de Ánimo:

1. **Tristeza persistente:** Tu hijo puede expresar sentimientos de tristeza o desesperanza que persisten durante períodos prolongados de tiempo.

2. **Irritabilidad:** Puedes notar un aumento en la irritabilidad o el mal humor de tu hijo, con reacciones exageradas a situaciones cotidianas.

3. **Euforia o exaltación:** Tu hijo puede experimentar períodos de euforia o exaltación, con niveles de energía elevados y comportamientos impulsivos.

4. **Ansiedad o nerviosismo:** Puedes observar signos de ansiedad o nerviosismo en tu hijo, como preocupación excesiva, nerviosismo constante o dificultades para relajarse.

Es importante recordar que estas señales y ejemplos son solo indicadores potenciales de posibles problemas emocionales o de salud mental en los niños. Si tienes preocupaciones sobre la salud emocional de tu hijo, te recomiendo buscar el apoyo de un profesional de la salud mental que pueda evaluar adecuadamente su situación y brindar orientación y tratamiento apropiados.

En un mundo cada vez más exigente, es natural que los padres nos preocupemos por el rendimiento académico de nuestros hijos. Sin embargo, es importante recordar que el éxito en la vida va más allá de las calificaciones en un papel. Es un viaje que implica superar obstáculos, aprender de las dificultades y crecer tanto en el ámbito académico como en el personal.

Cuando nuestros hijos enfrentan dificultades en el rendimiento académico, es fundamental abordar la situación con empatía y resiliencia. En lugar de enfocarnos únicamente en los resultados, debemos buscar comprender las causas subyacentes de sus luchas y brindarles el apoyo y la orientación que necesitan para superarlas.

Una de las causas comunes de las dificultades en el rendimiento académico puede ser los problemas de relación social. El bienestar emocional de nuestros hijos juega un papel crucial en su capacidad para concentrarse, aprender y tener éxito en la escuela. Cuando enfrentan dificultades en las relaciones con sus compañeros o se sienten excluidos socialmente, esto puede afectar su motivación, autoestima y en última instancia, su rendimiento académico.

Es importante estar atentos a las señales de posibles problemas de relación social en nuestros hijos, como el aislamiento, la falta de amigos cercanos, la evitación de situaciones sociales o los cambios en el comportamiento. Al identificar estos problemas temprano, podemos intervenir de manera efectiva para ayudar a nuestros hijos a desarrollar habilidades sociales, fortalecer su autoestima y construir relaciones saludables con sus compañeros.

Como padres, debemos ser modelos de resiliencia y perseverancia para nuestros hijos. Enfrentar las dificultades con optimismo y determinación les enseña el valor de la perseverancia y les muestra que no están solos en sus luchas. Con el apoyo adecuado y una actitud positiva, nuestros hijos pueden superar las dificultades en el rendimiento académico y desarrollar las habilidades necesarias para alcanzar su máximo potencial en la vida.

Recordemos que el camino hacia el éxito está lleno de altibajos, pero cada obstáculo superado nos hace más fuertes y nos prepara para enfrentar los desafíos futuros con valentía y confianza. Con amor, comprensión y apoyo incondicional, podemos ayudar a nuestros hijos a convertirse en personas resilientes, seguras de sí mismas y capaces de enfrentar cualquier desafío que se les presente en su camino hacia el éxito.

OBSERVACIÓN DEL ENTORNO

En el apasionante camino de criar y educar a nuestros hijos, comprendemos la importancia de crear un entorno que fomente su salud mental y bienestar emocional. Reconocemos que existen factores ambientales que pueden influir en su salud mental, especialmente cuando se trata del impacto de experiencias traumáticas.

Las experiencias traumáticas pueden dejar una huella profunda en la mente y el corazón de nuestros hijos, afectando su salud mental y su capacidad para enfrentar los desafíos de la vida. Estas situaciones pueden generar estrés, ansiedad, depresión y otros problemas de salud mental en nuestros hijos.

Es fundamental abordar el impacto de las experiencias traumáticas con empatía y comprensión. Como cuidadores, debemos estar atentos a los signos de trauma en nuestros hijos, como cambios en el comportamiento, pesadillas, problemas para dormir, irritabilidad o dificultades en la escuela. Al reconocer estos signos temprano, podemos brindar el apoyo y la orientación necesarios para ayudar a nuestros hijos a sanar y recuperarse.

Es importante recordar que el camino hacia la sanación puede ser largo y difícil, pero con amor, paciencia y apoyo incondicional, nuestros hijos pueden encontrar la fuerza y la resiliencia para superar el trauma y reconstruir sus vidas. Al crear un entorno seguro y compasivo donde se sientan escuchados, validados y amados, les brindamos la oportunidad de sanar y crecer emocionalmente.

Estamos comprometidos a trabajar juntos para crear conciencia sobre el impacto de las experiencias traumáticas en la salud mental de nuestros hijos y proporcionar recursos y apoyo para ayudarles a sanar. Juntos, podemos construir un futuro más brillante y esperanzador para nuestros hijos, donde puedan florecer y alcanzar su máximo potencial, a pesar de los desafíos que puedan enfrentar en el camino.

Es crucial comprender la influencia del entorno familiar y escolar en la salud mental de nuestros hijos, así como realizar una evaluación del contexto social y cultural en el que están inmersos.

El entorno familiar y escolar desempeña un papel fundamental en el desarrollo emocional y psicológico de nuestros hijos. Un entorno familiar cálido, comprensivo y de apoyo puede proporcionarles la seguridad y la estabilidad emocional necesarias para enfrentar los desafíos de la vida con confianza y resiliencia.

Del mismo modo, una escuela inclusiva, que promueva un ambiente de aceptación y apoyo entre compañeros y maestros, puede contribuir positivamente al bienestar emocional de los niños.

Sin embargo, es importante reconocer que el entorno familiar y escolar puede presentar desafíos que afecten la salud mental de nuestros hijos. Factores como la dinámica familiar, el estrés parental, el acoso escolar, la presión académica y los recursos socioeconómicos pueden influir en su bienestar emocional y su rendimiento académico.

Además, al evaluar el contexto social y cultural en el que nuestros hijos crecen, es fundamental tener en cuenta las normas, valores y creencias que influyen en su desarrollo. Las diferencias culturales y sociales pueden impactar en la forma en que nuestros hijos perciben y manejan el estrés, la tristeza y otras emociones, así como en su acceso a recursos y apoyo emocional.

Es fundamental comprender cómo las diferencias culturales y sociales pueden influir en la forma en que nuestros hijos perciben y manejan el estrés, la tristeza y otras emociones. Estos factores pueden tener un impacto significativo en el bienestar emocional y la salud mental de los niños, y es importante abordarlos de manera sensible y comprensiva.Las diferencias culturales pueden afectar la forma en que los niños interpretan y expresan sus emociones.

En algunas culturas, puede ser más común expresar abiertamente las emociones, mientras que en otras se pueden valorar más la contención emocional y el autocontrol. Por ejemplo, la expresión de tristeza puede ser considerada como una muestra de debilidad, mientras que en otras puede ser vista como una forma natural de procesar las emociones.

Además, las diferencias sociales, como el estatus socioeconómico, el acceso a recursos y el nivel de apoyo social, también pueden influir en la forma en que los niños manejan el estrés y la tristeza. Los niños que provienen de entornos socioeconómicos desfavorecidos pueden enfrentar mayores niveles de estrés debido a la falta de recursos y oportunidades, lo que puede afectar su salud mental y su capacidad para manejar las emociones de manera saludable.

Es importante reconocer y respetar estas diferencias culturales y sociales al trabajar con niños en el ámbito educativo y de la salud mental. Esto implica adoptar un enfoque culturalmente sensible que valore y celebre la diversidad, así como estar abierto a aprender sobre las creencias, valores y prácticas de diferentes culturas.

Por lo tanto, es importante estar atentos a las influencias del entorno familiar, escolar, social y cultural en la salud mental de nuestros hijos. Al comprender estos factores y proporcionar un ambiente de apoyo, comprensión y aceptación, podemos ayudar a nuestros hijos a desarrollar la resiliencia necesaria para enfrentar los desafíos de la vida y florecer emocionalmente.

USO DE HERRAMIENTAS DE EVALUACIÓN

El uso de herramientas de evaluación en el ámbito psicopedagógico es fundamental para comprender y abordar las necesidades de los estudiantes. Entre estas herramientas, los cuestionarios y escalas de evaluación desempeñan un papel crucial al proporcionar una visión cuantitativa y cualitativa de diversos aspectos del desarrollo y el rendimiento académico. Estas herramientas permiten recopilar datos sobre habilidades cognitivas, emocionales y conductuales, así como identificar posibles dificultades de aprendizaje o trastornos del desarrollo.

Los cuestionarios son útiles para obtener información sobre diversos aspectos, como el estilo de aprendizaje, las habilidades sociales, la autoestima y los intereses de los estudiantes. Por otro lado, las escalas de evaluación permiten medir y comparar el nivel de desempeño en áreas específicas, como la lectura, la escritura o las habilidades matemáticas. Estas herramientas proporcionan datos objetivos que ayudan a los psicopedagogos a diseñar intervenciones personalizadas y a monitorear el progreso a lo largo del tiempo.

Además de los cuestionarios y escalas, las entrevistas clínicas y la observación directa son herramientas invaluable para recopilar información cualitativa y contextual sobre el estudiante y su entorno. Las entrevistas clínicas permiten establecer una relación de confianza con el estudiante y obtener una comprensión más profunda de sus experiencias, preocupaciones y fortalezas. Por otro lado, la observación directa en entornos educativos proporciona información sobre el comportamiento del estudiante en situaciones reales de aprendizaje, así como sobre las interacciones con sus compañeros y docentes.

En conjunto, el uso de cuestionarios, escalas de evaluación, entrevistas clínicas y observación directa ofrece una visión holística del estudiante, lo que permite a los psicopedagogos identificar sus necesidades individuales y diseñar intervenciones efectivas para promover su desarrollo académico, emocional y social. Estas herramientas no solo ayudan a diagnosticar posibles dificultades de aprendizaje, sino que también permiten evaluar el impacto de las intervenciones y ajustarlas según sea necesario para garantizar el éxito educativo del estudiante.

Aquí detallo los diferentes tipos de cuestionarios y escalas que son útiles para obtener información sobre estilos de aprendizaje, habilidades sociales, autoestima e intereses:

1. **Cuestionarios de Estilos de Aprendizaje:** Estos cuestionarios evalúan cómo los estudiantes prefieren procesar, entender y retener la información. Pueden incluir preguntas sobre si prefieren aprender de manera visual, auditiva o kinestésica, cómo se organizan para estudiar, y si prefieren el trabajo individual o en grupo.

2. **Escalas de Habilidades Sociales:** Estas escalas miden la capacidad de un individuo para interactuar efectivamente con otros en diversas situaciones sociales. Evalúan habilidades como la comunicación verbal y no verbal, la empatía, la resolución de conflictos y la cooperación.

3. **Cuestionarios de Autoestima:** Estos cuestionarios evalúan la percepción que tiene un individuo sobre sí mismo y su valía personal.

Pueden incluir preguntas sobre la confianza en uno mismo, la satisfacción con la vida, la autoaceptación y la capacidad para enfrentar desafíos.

4. Cuestionarios de Intereses: Estos cuestionarios exploran las áreas de interés de los estudiantes en diversos campos, como las artes, las ciencias, el deporte o la tecnología. Permiten identificar las motivaciones y pasiones de los estudiantes, lo que puede influir en sus decisiones académicas y profesionales futuras.

Es importante seleccionar cuestionarios y escalas validadas y confiables que se adapten a las necesidades específicas de los estudiantes y que proporcionen datos relevantes para el proceso de evaluación y planificación de intervenciones psicopedagógicas.

Además, es crucial interpretar los resultados de manera holística, teniendo en cuenta el contexto individual y las características únicas de cada estudiante.

Los cuestionarios y escalas psicopedagógicas pueden obtenerse de diversas fuentes, como editoriales especializadas, instituciones académicas, centros de investigación y sitios web dedicados a la psicología y la educación. Algunas opciones comunes incluyen:

1. **Editoriales especializadas:** Editoriales como Pearson, TEA Ediciones, Manual Moderno, entre otras, suelen ofrecer una amplia gama de cuestionarios y escalas psicopedagógicas validadas y confiables. Estos materiales suelen estar disponibles para su compra en línea o a través de distribuidores locales.

2. **Istituciones académicas: Uni**versidades y centros de investigación a menudo desarrollan y validan cuestionarios y escalas para su uso en estudios académicos y clínicos. Algunas instituciones pueden ofrecer acceso a estos materiales a través de sus bibliotecas o sitios web institucionales.

3. **Sitios web especializados:** Hay sitios web dedicados a la psicología y la educación que ofrecen una amplia variedad de cuestionarios y escalas psicopedagógicas, algunos de los cuales pueden ser de acceso gratuito o de pago. Es importante verificar la validez y confiabilidad de los materiales antes de utilizarlos.

Una vez que se han obtenido los cuestionarios y escalas adecuados, es importante aplicarlos de manera adecuada para garantizar la validez y confiabilidad de los resultados. Esto implica seguir las instrucciones proporcionadas por el autor del instrumento, asegurarse de que el ambiente de aplicación sea adecuado y que se proporcione el apoyo necesario a los participantes para completar el cuestionario o la escala de manera precisa y honesta.

En muchos casos, la aplicación de cuestionarios y escalas psicopedagógicas se lleva a cabo por profesionales capacitados en psicología o educación, como psicopedagogos, psicólogos escolares o especialistas en evaluación psicológica. Estos profesionales están familiarizados con las mejores prácticas en la administración de instrumentos de evaluación y pueden garantizar que se utilicen de manera ética y efectiva para recopilar información relevante sobre los estudiantes.

Es importante acotar que la consulta con profesionales de la salud mental es fundamental en el ámbito psicopedagógico debido a que permite abordar de manera integral las necesidades emocionales y cognitivas de los estudiantes. La colaboración interdisciplinaria entre psicopedagogos, psicólogos, psiquiatras y otros especialistas garantiza una evaluación completa y un plan de intervención adaptado a las particularidades de cada individuo.

Esta colaboración facilita la detección temprana de dificultades y promueve estrategias efectivas para mejorar el bienestar y el rendimiento académico.

FOMENTO DE LA CONCIENCIA Y EDUCACIÓN

Fomentar la conciencia y la educación sobre la salud mental implica iniciar conversaciones abiertas y honestas sobre las emociones y el

bienestar emocional en el hogar. Se puede promover la sensibilización sobre la salud mental mediante actividades familiares que aborden temas como la gestión del estrés, la resiliencia y la importancia de buscar ayuda cuando sea necesario. Además, enseñar a los niños sobre el autocontrol emocional implica modelar comportamientos saludables, practicar la regulación emocional y ofrecer estrategias prácticas para gestionar el estrés y las emociones difíciles.

Esto se puede hacer a través de actividades como la meditación, el ejercicio físico y la expresión artística. La clave es crear un entorno en el que los niños se sientan seguros para explorar y expresar sus emociones, al tiempo que se les enseña a desarrollar habilidades para manejarlas de manera constructiva.

Desmitificar los estigmas y prejuicios sobre los trastornos psicológicos es esencial para promover un ambiente de comprensión y apoyo. Esto se puede lograr mediante la educación y la información precisa sobre los trastornos mentales, destacando que son condiciones médicas que pueden afectar a cualquier persona y no reflejan debilidad o falta de voluntad.

Para capacitar a padres y educadores en la detección temprana de problemas de salud mental en los niños, es importante ofrecer talleres y sesiones de formación que aborden señales de alerta comunes, como cambios en el comportamiento, problemas de aprendizaje, dificultades emocionales o sociales, entre otros. Estas capacitaciones también deberían incluir información sobre recursos disponibles y pasos a seguir para buscar ayuda profesional si se sospecha de algún problema. Además, se puede promover la colaboración entre padres y educadores para compartir observaciones y trabajar juntos en el mejor interés del niño.

Creación de un Ambiente de Confianza y Apertura

Estrategias de Intervención Temprana de Padre a Hijo.

1. Hablamos abiertamente sobre las emociones y cómo nos sentimos, sin juzgar.

2. Si notas cambios extraños en cómo te sientes o actúas, ¡no tengas miedo de decírmelo! Estoy aquí para ayudarte.

3. Cuando estemos en casa, podemos hacer actividades relajantes juntos, como dibujar o jugar al aire libre, para ayudarte a sentirte mejor.

4. Si estás teniendo problemas en la escuela o con amigos, házmelo saber. Juntos podemos encontrar maneras de solucionarlo.

5. Practicamos escuchar con atención cuando alguien nos cuenta cómo se siente, sin interrumpir ni juzgar.

6. Aprendemos a poner en palabras lo que sentimos. ¿Te sientes triste, enojado o confundido? Es importante expresarlo.

7. Cuando estés molesto o preocupado, tómate un momento para respirar profundamente. A veces, eso puede ayudar mucho.

8. Recordamos que está bien pedir ayuda si nos sentimos abrumados. Los adultos también necesitan ayuda a veces, ¡no estamos solos en esto!

9. Creamos un espacio en casa donde te sientas seguro para hablar sobre cualquier cosa, incluso las cosas difíciles.

10. No importa qué, siempre te amaré y estaré aquí para apoyarte. ¡Juntos podemos enfrentar cualquier cosa que se nos presente!

Varias maneras de fomentar la expresión emocional y validar los sentimientos y emociones son:

1. **Crear un entorno seguro y de confianza:** Establecer un espacio donde los niños se sientan seguros para expresar sus emociones sin temor a ser juzgados. Esto puede incluir momentos de conversación en familia, donde se fomente el respeto y la empatía.

2. **Escuchar activamente:** Prestar atención completa cuando los niños expresen sus emociones, mostrando interés genuino en lo que están diciendo. Esto les hace sentirse valorados y comprendidos.

3. **Validar sus sentimientos:** Reconocer y validar los sentimientos de los niños, incluso si no entendemos completamente por qué se sienten así. Frases como "Entiendo que te sientas triste" o "Es normal sentirse enojado en esa situación" ayudan a que los niños se sientan comprendidos y aceptados.

4. **Modelar la expresión emocional:** Los adultos pueden ser modelos positivos al expresar sus propias emociones de manera saludable y constructiva. Mostrar cómo manejar el estrés, la tristeza o la alegría de manera adecuada ayuda a los niños a aprender cómo hacerlo ellos mismos.

5. **Enseñar vocabulario emocional:** Ayudar a los niños a identificar y nombrar sus emociones les permite entender mejor lo que están sintiendo y comunicarlo de manera más efectiva. Se pueden utilizar actividades como juegos de roles o lecturas de cuentos para explorar diferentes emociones.

6. **Ofrecer herramientas de manejo emocional:** Enseñar a los niños estrategias prácticas para manejar sus emociones, como la respiración profunda, la visualización, la escritura o el dibujo. Estas técnicas les proporcionan recursos para lidiar con situaciones difíciles.

7. **Reforzar la positividad:** Destacar y celebrar las emociones positivas, como la gratitud, la felicidad y la esperanza, ayuda a cultivar un ambiente emocionalmente saludable. Reconocer y elogiar los logros y esfuerzos de los niños refuerza su autoestima y promueve una actitud positiva hacia la vida.

Al implementar estas estrategias, se crea un entorno que fomenta la expresión emocional, la comprensión y el bienestar emocional en los niños.

IMPLEMENTACIÓN DE TÉCNICAS DE AFRONTAMIENTO

La implementación de técnicas de afrontamiento y la enseñanza de habilidades de regulación emocional son aspectos fundamentales para el bienestar integral de nuestros hijos. Aquí te detallo 15 técnicas de relajación y mindfulness que pueden ser útiles:

1. **Respiración profunda:** Tomar respiraciones lentas y profundas, inhalando por la nariz y exhalando por la boca, ayuda a reducir el estrés y a calmar la mente.

2. **Visualización guiada:** Imaginar un lugar tranquilo y relajante, como una playa o un bosque, ayuda a desconectar y a reducir la ansiedad.

3. **Ejercicio físico:** La actividad física, como caminar, correr o practicar yoga, libera endorfinas que ayudan a mejorar el estado de ánimo y a reducir el estrés.

4. **Meditación:** Practicar la meditación regularmente ayuda a entrenar la mente para estar presente y en calma, cultivando la atención plena.

5. **Atención plena en la respiración:** Centrarse en la sensación de la respiración en el cuerpo, sin juzgar ni analizar, ayuda a traer la atención al momento presente.

6. **Practicar la gratitud:** Reflexionar sobre las cosas por las que estamos agradecidos ayuda a cambiar el enfoque hacia lo positivo y a cultivar una actitud más optimista.

7. **Escucha consciente:** Prestar atención plena a los sonidos que nos rodean, como el canto de los pájaros o el sonido de la lluvia, puede ser una forma efectiva de relajarse.

8. **Masaje:** Un suave masaje en los hombros, cuello o manos puede ayudar a liberar la tensión muscular y a promover la relajación.

9. **Baño relajante:** Tomar un baño caliente con sales de baño o aceites esenciales puede ser una forma indulgente de relajarse al final del día.

10. **Escritura terapéutica:** Escribir en un diario sobre nuestros pensamientos y emociones puede ser una forma efectiva de procesar y liberar el estrés acumulado.

11. **Escuchar música relajante:** Escuchar música suave y tranquila puede ayudar a reducir la ansiedad y a promover la relajación.

12. **Técnica del cuerpo tenso y relajado:** Tensar y relajar conscientemente los diferentes grupos musculares del cuerpo ayuda a liberar la tensión acumulada.

13. **Contar hasta diez:** Tomarse un momento para contar lentamente hasta diez antes de responder a una situación estresante puede ayudar a calmar la mente y a evitar reacciones impulsivas.

14. **Practicar la aceptación:** Aceptar las emociones y sensaciones físicas tal como son, sin tratar de cambiarlas o juzgarlas, puede ayudar a reducir la resistencia y la lucha interna.

15. **Conexión con la naturaleza:** Pasar tiempo al aire libre y conectar con la naturaleza ayuda a reducir el estrés y a promover una sensación de calma y bienestar.

Estas técnicas pueden adaptarse según las preferencias individuales y pueden ser enseñadas y practicadas en familia para promover el autocuidado y la salud emocional de todos.

Aquí te explico cómo podemos promover el desarrollo de estrategias de resolución de problemas y el uso de técnicas de tolerancia al estrés:

1. **Identificar el problema:** Ayudemos a nuestros hijos a identificar claramente cuál es el problema o la situación que están enfrentando. Esto les permite entender la situación de manera más objetiva y empezar a pensar en posibles soluciones.

2. **Generar opciones:** Fomentemos la creatividad al ayudarles a pensar en diferentes formas de abordar el problema. Animémoslos a considerar diferentes perspectivas y soluciones alternativas.

3. **Evaluar las opciones:** Ayudemos a nuestros hijos a evaluar las diferentes opciones que han generado. Esto incluye considerar los posibles resultados de cada opción y cómo podrían afectar a ellos y a los demás.

4. **Elegir una solución:** Una vez que hayan evaluado las opciones, apoyemos a nuestros hijos en la toma de decisiones. Ayudémosles a elegir la opción que consideren más adecuada y que estén dispuestos a llevar a cabo.

5. **Implementar la solución:** Una vez que hayan elegido una solución, apoyemos a nuestros hijos en la implementación de esa solución. Esto puede incluir ayudarles a planificar los pasos necesarios y ofrecerles apoyo emocional durante el proceso.

6. **Evaluar los resultados:** Después de implementar la solución, animémoslos a reflexionar sobre los resultados. ¿La solución funcionó como esperaban? ¿Qué podrían haber hecho diferente? Esta reflexión les ayudará a aprender y a mejorar en el futuro.

En cuanto a las técnicas de tolerancia al estrés, aquí hay algunas que podemos enseñarles:

1. **Práctica de la atención plena:** Enseñemos a nuestros hijos a practicar la atención plena para ayudarles a manejar el estrés y la ansiedad. Esto incluye técnicas como la respiración consciente y la meditación.

2. **Distraerse de manera saludable:** Animémoslos a buscar actividades que les ayuden a distraerse y a relajarse cuando se sientan abrumados. Esto puede incluir cosas como leer un libro, escuchar música o salir a caminar.

3. **Autoafirmaciones positivas:** Enseñemos a nuestros hijos a utilizar autoafirmaciones positivas para ayudarles a mantener una actitud positiva y afrontar los desafíos con confianza.

4. **Establecer límites saludables:** Ayudémosles a establecer límites saludables en sus relaciones y actividades para evitar el exceso de estrés y la sobrecarga emocional.

5. **Buscar apoyo:** Animémoslos a buscar apoyo en familiares, amigos u otros adultos de confianza cuando se sientan abrumados. Saber que no están solos y que hay personas dispuestas a ayudarles puede ser reconfortante.

Al enseñarles estas estrategias y técnicas, estamos equipando a nuestros hijos con herramientas valiosas para enfrentar los desafíos de la vida de manera más efectiva y construir su resiliencia emocional.

Derivación a Profesionales Especializados

La evaluación diagnóstica es el primer paso para comprender las necesidades individuales de nuestros hijos. Permite identificar cualquier trastorno o dificultad que puedan enfrentar, proporcionando así una base sólida para el desarrollo de un plan de tratamiento adecuado. Cada trastorno tiene sus propias características y desafíos únicos, por lo que es esencial que los tratamientos sean específicos y personalizados para abordar las necesidades particulares de cada niño.

La coordinación con psicólogos, psiquiatras y terapeutas es fundamental para garantizar una atención integral y completa. Cada profesional aporta su experiencia y conocimientos especializados, contribuyendo así a un enfoque multidisciplinario que aborda los aspectos emocionales, cognitivos y conductuales del niño. Trabajar en equipo permite aprovechar al máximo los recursos disponibles y garantizar una atención coordinada y coherente.

El seguimiento y monitoreo del progreso son esenciales para evaluar la efectividad de los tratamientos y realizar ajustes según sea necesario. Esto implica realizar evaluaciones periódicas para evaluar el progreso del niño y asegurarse de que esté recibiendo el apoyo y la intervención adecuados. El seguimiento constante nos permite identificar cualquier dificultad o desafío que pueda surgir y tomar medidas para abordarlo de manera oportuna.

La evaluación diagnóstica y los tratamientos específicos, junto con la coordinación y el seguimiento del progreso, son pilares fundamentales para proporcionar a nuestros hijos la atención que necesitan para prosperar y alcanzar su máximo potencial.

Es un compromiso continuo que requiere dedicación y trabajo en equipo, pero los beneficios a largo plazo para el bienestar y el desarrollo de nuestros hijos son incalculables.

La participación activa de padres y educadores es un factor clave en el éxito de la evaluación diagnóstica y los tratamientos específicos para cada trastorno. Aquí te explico por qué su implicación es fundamental:

1. **Apoyo en la implementación de estrategias en el hogar y la escuela:** Los padres y educadores desempeñan un papel crucial en la implementación de las estrategias recomendadas por los profesionales de la salud mental. Al trabajar juntos, pueden asegurarse de que las estrategias se apliquen de manera coherente tanto en casa como en la escuela, lo que maximiza su efectividad y beneficios para el niño.

2. **Promoción de un ambiente de apoyo y comprensión:** La participación activa de padres y educadores también contribuye a crear un ambiente de apoyo y comprensión para el niño. Cuando todos trabajan juntos en armonía, se establece un entorno que fomenta el bienestar emocional y el desarrollo positivo del niño.

3. **Comunicación abierta y colaborativa:** La participación activa de padres y educadores facilita la comunicación abierta y colaborativa entre todas las partes involucradas en el cuidado y educación del niño. Esto permite compartir información relevante, discutir estrategias de intervención y resolver cualquier problema que pueda surgir de manera efectiva.

4. **Modelado de comportamientos saludables:** Los padres y educadores pueden servir como modelos positivos al demostrar cómo manejar el estrés, resolver problemas y cultivar relaciones saludables. Estos comportamientos sirven como ejemplo para el niño y refuerzan las habilidades y estrategias que están aprendiendo.

La participación activa de padres y educadores es esencial para garantizar el éxito de la evaluación diagnóstica y los tratamientos específicos para cada trastorno.

Su colaboración y apoyo son fundamentales para crear un ambiente propicio para el crecimiento y desarrollo del niño, tanto en el hogar como en la escuela.

Es importante estar atenta al reconocimiento de signos de depresión en tus hijos. Aquí tienes algunos puntos clave para identificar estos signos y cómo intervenir en diferentes tipos de depresión:

Reconocimiento de Signos de Depresión

1. **Cambios en el Estado de Ánimo:** Observa cambios drásticos en el estado de ánimo de tu hijo, como tristeza persistente, irritabilidad o falta de interés en actividades que antes disfrutaba.

2. **Cambios en el Comportamiento:** Presta atención a cambios en los patrones de sueño y alimentación, así como la evitación de actividades sociales.

3. **Síntomas Físicos:** Nota la presencia de síntomas físicos inexplicables, como dolores de cabeza o molestias digestivas, que pueden estar relacionados con la depresión.

4. **Problemas en la Escuela:** Observa el rendimiento académico y el comportamiento en la escuela, ya que la depresión puede afectar la concentración y la motivación.

Intervención en Depresión Mayor, Trastorno Distímico y Bipolaridad

1. **Depresión Mayor:** Si sospechas que tu hijo está experimentando depresión mayor, busca ayuda profesional de un psicólogo o psiquiatra. El tratamiento puede incluir terapia cognitivo-conductual, medicación y apoyo emocional.

2. **Trastorno Distímico:** El trastorno distímico se caracteriza por síntomas depresivos menos graves pero más crónicos. La intervención puede incluir terapia individual o grupal para abordar los patrones de pensamiento negativo y promover estrategias de afrontamiento saludables.

3. **Bipolaridad:** Si hay signos de bipolaridad, es crucial buscar ayuda profesional para un diagnóstico preciso y un plan de tratamiento adecuado. El tratamiento puede incluir medicación estabilizadora del estado de ánimo y terapia para aprender a manejar los cambios de humor.

Es importante recordar que cada niño es único, por lo que el enfoque de intervención puede variar según las necesidades individuales. La comunicación abierta y el apoyo emocional son fundamentales en el proceso de tratamiento.

Evaluación de Síntomas de Trastornos Disruptivos y de Conducta

1. **Observación del Comportamiento:** Observar el comportamiento del niño en diferentes entornos, como el hogar, la escuela y la comunidad, para identificar patrones disruptivos y de conducta.

2. **Entrevistas:** Realizar entrevistas con padres, cuidadores y maestros para recopilar información sobre los síntomas del niño, su historia de desarrollo y factores ambientales que pueden contribuir al comportamiento disruptivo.

3. **Uso de Instrumentos Estandarizados:** Utilizar cuestionarios y escalas de evaluación estandarizadas para medir la gravedad de los síntomas y determinar si el niño cumple con los criterios diagnósticos de trastornos disruptivos como el trastorno de oposición desafiante (TOD) o el trastorno de conducta (TC)

4. **Evaluación Psicológica:** En algunos casos, puede ser necesario realizar una evaluación psicológica más exhaustiva para descartar otros problemas de salud mental y determinar el mejor enfoque de tratamiento.

Implementación de Estrategias de Modificación de Conducta

1. **Establecimiento de Objetivos Claros:** Identificar objetivos de comportamiento específicos y realistas que se deseen alcanzar, tanto a corto como a largo plazo.

2. **Reforzamiento Positivo:** Utilizar el refuerzo positivo para recompensar y fomentar comportamientos deseables. Esto puede incluir el elogio, el acceso a actividades de interés o privilegios adicionales.

3. **Consecuencias Lógicas:** Implementar consecuencias lógicas y consistentes para comportamientos no deseados. Es importante que estas consecuencias estén relacionadas con el comportamiento y se apliquen de manera justa y no punitiva.

4. **Estrategias de Enseñanza de Habilidades:** Enseñar al niño habilidades de afrontamiento, resolución de problemas y habilidades sociales para ayudarlo a manejar situaciones desafiantes de manera más efectiva.

5. **Colaboración con la Escuela y la Familia:** Trabajar en estrecha colaboración con maestros y padres para garantizar la consistencia en la implementación de estrategias de modificación de conducta en diferentes entornos.

La modificación de conducta es un proceso gradual que requiere paciencia, consistencia y apoyo continuo. Es importante adaptar las estrategias a las necesidades individuales del niño y monitorear regularmente su progreso. ¿Necesitas más detalles sobre algún punto en particular?

Enfoque en Trastornos Psicológicos Comunes

Para esto es importante tener en cuenta los siguientes puntos:

Identificación de síntomas de ansiedad:

1. Observar cambios en el comportamiento, como evitación de situaciones o actividades que antes se disfrutaban.

2. Estar atento a síntomas físicos como palpitaciones, sudoración excesiva, temblores, entre otros.

3. Notar cambios en el estado de ánimo, como irritabilidad, nerviosismo constante o sensación de peligro inminente.

4. Prestar atención a síntomas cognitivos, como preocupaciones excesivas, dificultad para concentrarse o pensamientos negativos recurrentes.

Abordaje de trastornos:

1. Realizar una evaluación exhaustiva para identificar la gravedad y la naturaleza específica del trastorno de ansiedad.

2. Diseñar un plan de tratamiento personalizado que puede incluir terapia cognitivo-conductual, técnicas de relajación, y en algunos casos, medicación.

3. Fomentar estrategias de afrontamiento y habilidades de afrontamiento para ayudar al individuo a manejar sus síntomas en situaciones desencadenantes.

4. Proporcionar apoyo emocional y educación sobre el trastorno para reducir el estigma y aumentar la comprensión.

Apoyo para la Prevención de Crisis y Ataques de Pánico

- **Identificación de Desencadenantes:** Ayudar a la persona a identificar los desencadenantes específicos de sus ataques de pánico puede ayudar a prevenir futuras crisis.

- **Desarrollar un Plan de Emergencia:** Trabajar junto con la persona para desarrollar un plan de acción para manejar los ataques de pánico cuando ocurran, incluyendo técnicas de respiración y estrategias de afrontamiento.

- **Apoyo Continuo:** Proporcionar un ambiente de apoyo y comprensión donde la persona se sienta segura para hablar sobre sus sentimientos y preocupaciones.

- **Educación:** Brindar información sobre los ataques de pánico, incluyendo sus síntomas y cómo se pueden manejar, puede ayudar a reducir la ansiedad asociada con ellos.

Estas estrategias pueden ser parte de un enfoque integral para ayudar a las personas a manejar el estrés, la ansiedad y prevenir crisis de pánico.

Es importante estar atento al reconocimiento de signos de depresión en tus hijos. Aquí tienes algunos puntos clave para identificar estos signos y cómo intervenir en diferentes tipos de depresión:

Reconocimiento de Signos de Depresión

1. **Cambios en el Estado de Ánimo:** Observa cambios drásticos en el estado de ánimo de tu hijo, como tristeza persistente, irritabilidad o falta de interés en actividades que antes disfrutaba.

2. **Cambios en el Comportamiento:** Presta atención a cambios en

los patrones de sueño y alimentación, así como la evitación de actividades sociales.

3. **Síntomas Físicos:** Nota la presencia de síntomas físicos inexplicables, como dolores de cabeza o molestias digestivas, que pueden estar relacionados con la depresión.

4. **Problemas en la Escuela:** Observa el rendimiento académico y el comportamiento en la escuela, ya que la depresión puede afectar la concentración y la motivación.

Intervención en Depresión Mayor, Trastorno Distímico y Bipolaridad

1. **Depresión Mayor:** Si sospechas que tu hijo está experimentando depresión mayor, busca ayuda profesional de un psicólogo o psiquiatra. El tratamiento puede incluir terapia cognitivo-conductual, medicación y apoyo emocional.

2. **Trastorno Distímico:** El trastorno distímico se caracteriza por síntomas depresivos menos graves pero más crónicos. La intervención puede incluir terapia individual o grupal para abordar los patrones de pensamiento negativo y promover estrategias de afrontamiento saludables.

3. **Bipolaridad:** Si hay signos de bipolaridad, es crucial buscar ayuda profesional para un diagnóstico preciso y un plan de tratamiento adecuado. El tratamiento puede incluir medicación estabilizadora del estado de ánimo y terapia para aprender a manejar los cambios de humor.

Es importante recordar que cada niño es único, por lo que el enfoque de intervención puede variar según las necesidades individuales. La comunicación abierta y el apoyo emocional son fundamentales en el proceso de tratamiento.

Implementación de Estrategias de Modificación de Conducta:

- **Establecimiento de Objetivos Claros:** Identificar objetivos de comportamiento específicos y realistas que se deseen alcanzar, tanto a corto como a largo plazo.

- **Reforzamiento Positivo:** Utilizar el refuerzo positivo para recompensar y fomentar comportamientos deseables. Esto puede incluir el elogio, el acceso a actividades de interés o privilegios adicionales.

- **Consecuencias Lógicas:** Implementar consecuencias lógicas y consistentes para comportamientos no deseados. Es importante que estas consecuencias estén relacionadas con el comportamiento y se apliquen de manera justa y no punitiva.

- **Estrategias de Enseñanza de Habilidades:** Enseñar al niño habilidades de afrontamiento, resolución de problemas y habilidades sociales para ayudarlo a manejar situaciones desafiantes de manera más efectiva.

- **Colaboración con la Escuela y la Familia:** Trabajar en estrecha colaboración con maestros y padres para garantizar la consistencia en la implementación de estrategias de modificación de conducta en diferentes entornos.

La modificación de conducta es un proceso gradual que requiere paciencia, consistencia y apoyo continuo. Es importante adaptar las estrategias a las necesidades individuales del niño y monitorear regularmente su progreso.

Imaginemos a alguien que se enfrenta al desafío de fomentar habilidades de comunicación y resolución de conflictos en su hijo, quien está experimentando trastornos disruptivos de conducta.

Con la firme convicción de que cada obstáculo es una oportunidad para crecer, esta persona se embarca en este viaje con determinación y compasión.

Con paciencia y cariño, comienza por establecer un ambiente de apoyo donde se promueve la comunicación abierta y el respeto mutuo. A través de conversaciones honestas y escucha activa, anima a la otra persona a expresar sus emociones y pensamientos, brindándole un espacio seguro para compartir sus preocupaciones y frustraciones.

Además, reconociendo la importancia de las habilidades de resolución de conflictos, enseña a la otra persona estrategias prácticas para manejar situaciones difíciles de manera constructiva. Juntos practican técnicas de comunicación asertiva, aprenden a identificar las necesidades y preocupaciones de los demás, y exploran soluciones creativas para resolver conflictos de manera pacífica.

También ser consciente de que algunas situaciones pueden requerir la ayuda de profesionales especializados en terapia conductual. Con humildad y determinación, busca colaborar con estos expertos para obtener orientación adicional y herramientas específicas para abordar los desafíos de la otra persona.

Trabajando en estrecha colaboración con los profesionales, se compromete a implementar las estrategias recomendadas de manera consistente y amorosa en el entorno familiar. A través de esta colaboración, no solo fortalece la relación con la otra persona, sino que también encuentra apoyo y aliento en el camino hacia el crecimiento y la curación.

TRASTORNOS DEL DESARROLLO Y DEL APRENDIZAJE

Formas de detectar señales de Trastornos del Espectro Autista (TEA) y cómo intervenir en trastornos del aprendizaje como la dislexia y la discalculia:

Detección de Señales de TEA:
1. **Dificultades en la Comunicación Social:** Observa si el niño tiene dificultades para establecer y mantener relaciones sociales, como falta de contacto visual, dificultad para interpretar las emociones de los demás o dificultades para participar en juegos de interacción.

2. **Patrones Repetitivos de Comportamiento:** Presta atención a

comportamientos repetitivos o estereotipados, como movimientos de balanceo, obsesión por ciertos objetos o intereses intensos y restrictivos.

3. **Intereses Específicos y Rígidos:** Observa si el niño muestra un interés inusualmente intenso por ciertos temas o actividades, y si tiene dificultades para adaptarse a cambios en la rutina o el entorno.

4. **Sensibilidad Sensorial:** Ten en cuenta si el niño muestra hipersensibilidad o hiposensibilidad a estímulos sensoriales como sonidos, luces o texturas.

Intervención en Trastornos del Aprendizaje como la Dislexia y la Discalculia:

1. **Evaluación Temprana:** Realiza una evaluación exhaustiva para identificar las áreas específicas de dificultad del niño y determinar si presenta síntomas de dislexia, discalculia u otros trastornos del aprendizaje.

2. **Intervención Individualizada:** Diseña un plan de intervención individualizado que se adapte a las necesidades específicas del niño, centrándose en fortalecer las áreas de dificultad mientras se aprovechan sus puntos fuertes.

3. **Apoyo Especializado:** Busca la ayuda de profesionales especializados en el tratamiento de trastornos del aprendizaje, como psicopedagogos, psicólogos educativos o terapeutas del habla y el lenguaje.

4. **Uso de Estrategias Multisensoriales:** Emplea estrategias de enseñanza multisensorial que involucren varios sentidos, como la vista, el oído y el tacto, para ayudar al niño a procesar la información de manera más efectiva.

5. **Colaboración con la Escuela y la Familia:** Trabaja en

colaboración con los maestros y los padres para garantizar que el niño reciba el apoyo necesario tanto en el hogar como en la escuela, y para mantener una comunicación abierta sobre su progreso y necesidades.

Al detectar señales de TEA o trastornos del aprendizaje como la dislexia y la discalculia de manera temprana y brindar intervención oportuna y adecuada, podemos ayudar a los niños a desarrollar todo su potencial y alcanzar el éxito académico y personal.

Formas de apoyar en el desarrollo de habilidades sociales y de comunicación en niños con trastornos del aprendizaje como la dislexia y la discalculia, así como la importancia de colaborar con profesionales especializados en educación especial:

Apoyar en el Desarrollo de Habilidades Sociales y de Comunicación:

1. **Fomentar la Autoestima:** Ayuda al niño a desarrollar una autoimagen positiva y a sentirse seguro de sí mismo, reconociendo y elogiando sus logros y esfuerzos, tanto académicos como sociales.

2. **Enseñar Habilidades Sociales Explícitas:** Proporciona instrucción directa en habilidades sociales, como el contacto visual, el turno de palabra, la empatía y la resolución de conflictos, a través de actividades estructuradas y modelado de comportamiento.

3. **Promover el Juego Cooperativo:** Facilita oportunidades para que el niño participe en juegos y actividades cooperativas que fomenten el trabajo en equipo, la negociación y el intercambio de ideas con sus compañeros.

4. **Practicar la Comunicación Asertiva:** Enseña al niño a expresar sus pensamientos, sentimientos y necesidades de manera clara y respetuosa, proporcionándole ejemplos concretos y oportunidades para practicar en situaciones de la vida real.

5. **Apoyar en Entornos Estructurados:** Proporciona un entorno

estructurado y predecible donde el niño se sienta seguro para experimentar y practicar nuevas habilidades sociales y de comunicación.

Colaboración con Profesionales Especializados en Educación Especial

1. **Evaluación y Diagnóstico Precisos:** Colabora con profesionales especializados en educación especial para obtener una evaluación y diagnóstico precisos del niño, lo que ayudará a identificar sus necesidades específicas y diseñar un plan de intervención adecuado.

2. **Desarrollo de Planes de Apoyo Individualizados:** Trabaja en conjunto con estos profesionales para desarrollar planes de apoyo individualizados (PAI) que aborden las necesidades académicas, sociales y emocionales del niño, y que proporcionen adaptaciones y modificaciones apropiadas en el entorno educativo.

3. **Implementación de Estrategias Efectivas:** Colabora estrechamente con los maestros y otros profesionales para implementar estrategias efectivas de apoyo en el aula y en otros entornos, y para monitorear el progreso del niño de manera regular.

4. **Comunicación Abierta y Continua:** Mantén una comunicación abierta y continua con los profesionales especializados en educación especial, así como con los padres del niño, para garantizar una coordinación efectiva de esfuerzos y una respuesta rápida a las necesidades cambiantes del niño.

Al trabajar en colaboración con profesionales especializados en educación especial, podemos maximizar el potencial de los niños con trastornos del aprendizaje y ayudarlos a desarrollar habilidades sociales y de comunicación que les permitan tener éxito en la escuela y en la vida.

Prevención de Recaídas y Mantenimiento del Progreso

Algunas formas de prevención de recaídas y mantenimiento del progreso, junto con 10 estrategias prácticas de prevención de recaídas:

Prevención de Recaídas y Mantenimiento del Progreso:

1. **Establecimiento de Objetivos Claros:** Ayuda al niño a establecer metas realistas y alcanzables, y trabaja junto con él para desarrollar un plan de acción para lograr esas metas.

2. **Seguimiento Regular:** Realiza un seguimiento regular del progreso del niño, tanto en términos de logros académicos como de bienestar emocional, para identificar cualquier señal temprana de problemas.

3. **Comunicación Abierta:** Fomenta una comunicación abierta y honesta entre el niño, los padres y los profesionales involucrados en su cuidado, para que cualquier preocupación o dificultad pueda abordarse de manera oportuna.

4. **Apoyo Continuo:** Brinda apoyo emocional y práctico al niño a lo largo de su proceso de recuperación, asegurándole que no está solo y que siempre hay ayuda disponible cuando la necesita.

5. **Promoción de Hábitos Saludables:** Incentiva el establecimiento de hábitos saludables, como una dieta equilibrada, ejercicio regular y suficiente descanso, que son fundamentales para el bienestar general.

6. **Manejo del Estrés:** Enseña al niño técnicas de manejo del estrés, como la respiración profunda, la meditación y la relajación muscular progresiva, para ayudarlo a manejar situaciones estresantes de manera efectiva.

7. **Identificación y Gestión de Desencadenantes:** Ayuda al niño a identificar los desencadenantes específicos que podrían llevar a una recaída y a desarrollar estrategias para manejarlos de manera saludable.

8. **Desarrollo de Redes de Apoyo:** Anima al niño a construir y mantener relaciones de apoyo con amigos, familiares y otros individuos que puedan ofrecerle apoyo y comprensión durante momentos difíciles.

9. **Celebración de Logros:** Celebra los logros del niño, por pequeños que sean, para reforzar su autoestima y motivación.

10. **Planificación para el Futuro:** Trabaja con el niño para planificar su futuro y establecer metas a largo plazo, lo que puede ayudarlo a mantener el enfoque y la motivación hacia su recuperación.

- Estrategias Prácticas de Prevención de Recaídas:

1. Establecer una rutina diaria estructurada.

2. Practicar técnicas de relajación regularmente.

3. Mantener un diario de pensamientos y emociones.

4. Participar en actividades recreativas y de ocio que sean placenteras.

5. Establecer límites saludables en las relaciones interpersonales.

6. Evitar el uso de sustancias que puedan ser perjudiciales.

7. Buscar apoyo en grupos de ayuda mutua o terapia grupal.

8. Mantener una alimentación equilibrada y nutritiva.

9. Establecer objetivos realistas y alcanzables.

10. Reconocer las señales tempranas de estrés y tomar medidas preventivas.

Al implementar estas estrategias de prevención de recaídas y mantener un enfoque proactivo hacia el cuidado y el bienestar del niño, podemos ayudarlo a mantener su progreso y alcanzar su máximo potencial.

Algunas manera de crear redes de apoyo y comunidad, junto con la participación en grupos de apoyo y terapia, así como la promoción de actividades recreativas y de integración social:

Creación de Redes de Apoyo y Comunidad:

1. **Establecimiento de Conexiones:** Ayuda al niño a establecer conexiones significativas con amigos, familiares y otros individuos que puedan ofrecer apoyo emocional y comprensión.

2. **Involucramiento en la Comunidad:** Fomenta la participación del niño en actividades comunitarias y eventos locales que le brinden la oportunidad de conocer a personas nuevas y desarrollar relaciones sociales positivas.

3. **Apoyo de Profesionales:** Busca el apoyo de profesionales, como psicólogos, terapeutas y trabajadores sociales, que puedan ofrecer orientación y recursos adicionales para ayudar al niño a construir una red de apoyo sólida.

4. **Educación sobre el Trastorno:** Proporciona educación y concientización sobre el trastorno del niño a amigos, familiares y miembros de la comunidad, para promover la comprensión y el apoyo hacia él.

Participación en Grupos de Apoyo y Terapia

1. **Identificación de Grupos de Apoyo:** Investiga y encuentra grupos de apoyo locales o en línea que estén dirigidos a niños con trastornos del aprendizaje y sus familias.

2. **Participación Activa:** Anima al niño y a la familia a participar activamente en estos grupos, donde podrán compartir experiencias, recibir apoyo emocional y obtener recursos útiles.

3. **Terapia Individual o Grupal:** Considera la posibilidad de que el niño participe en terapia individual o grupal dirigida por profesionales especializados en trastornos del aprendizaje, donde pueda trabajar en habilidades sociales y emocionales de manera más específica y personalizada.

Promoción de Actividades Recreativas y de Integración Social:

1. **Organización de Eventos Sociales:** Organiza eventos sociales y actividades recreativas que fomenten la integración social y la participación del niño en un entorno divertido y relajado.

2. **Inscripción en Clubes o Grupos:** Inscribe al niño en clubes deportivos, artísticos o de interés especial donde pueda conocer a otros niños con intereses similares y desarrollar amistades significativas.

3. **Voluntariado y Servicio Comunitario:** Promueve la participación del niño en actividades de voluntariado y servicio comunitario, que no solo promueven el sentido de responsabilidad cívica, sino que también brindan oportunidades para interactuar con personas de diferentes trasfondos y edades.

Al crear redes de apoyo y comunidad, y al fomentar la participación en grupos de apoyo y terapia, así como en actividades recreativas y de integración social, podemos brindar al niño un entorno de apoyo que promueva su bienestar emocional y su desarrollo social.

CONSTRUYENDO RESILIENCIA EMOCIONAL

Algunas formas de fomentar la autoestima y la confianza, así como desarrollar habilidades de afrontamiento, buscar oportunidades de crecimiento personal y celebrar el progreso y los logros emocionales:

Fomentar la Autoestima y la Confianza:

1. Reconocimiento de Fortalezas: Ayuda al niño a identificar y reconocer sus fortalezas y talentos únicos, destacando sus logros y cualidades positivas.

2. Fomento del Autoconocimiento: Anime al niño a explorar y comprender sus propias emociones, pensamientos y valores, lo que le ayudará a desarrollar una sólida autoimagen y autoestima.

3. Fomento del Autocuidado: Enseña al niño la importancia de cuidarse a sí mismo física, emocional y mentalmente, y fomenta hábitos saludables que promuevan su bienestar general.

4. Apoyo Incondicional: Brinda al niño un ambiente de apoyo y aceptación incondicional, donde se sienta seguro para ser él mismo y expresar sus pensamientos y sentimientos sin temor al juicio.

Desarrollar Habilidades de Afrontamiento:

1. Enseñanza de Estrategias de Manejo del Estrés: Enseña al niño técnicas prácticas de manejo del estrés, como la respiración profunda, la meditación y la visualización, para ayudarlo a manejar situaciones difíciles de manera efectiva.

2. Fomento de la Resiliencia: Ayuda al niño a desarrollar una actitud resiliente frente a los desafíos, fomentando la perseverancia, la adaptabilidad y la capacidad para aprender de las experiencias difíciles.

3. Promoción de la Resolución de Problemas: Enseña al niño a identificar problemas de manera efectiva, a considerar diferentes soluciones y a tomar decisiones informadas sobre cómo abordarlos.

4. Práctica del Pensamiento Positivo: Anime al niño a adoptar una perspectiva optimista y a buscar el lado positivo de las situaciones, incluso en momentos de adversidad.

Buscar Oportunidades de Crecimiento Personal:

1. Exploración de Intereses: Anime al niño a explorar nuevos intereses y actividades que le brinden oportunidades de crecimiento personal y desarrollo de habilidades.

2. Participación en Experiencias Significativas: Fomente la participación del niño en experiencias significativas, como viajes, voluntariado y proyectos creativos, que le ayuden a expandir sus horizontes y descubrir nuevas pasiones.

3. Establecimiento de Metas: Ayuda al niño a establecer metas personales alcanzables y a desarrollar un plan de acción para alcanzarlas, lo que le brindará un sentido de logro y satisfacción personal.

Celebrar el Progreso y los Logros Emocionales:

1. Reconocimiento de Pequeños Logros: Celebra los pequeños logros y avances del niño, reconociendo y elogiando sus esfuerzos y perseverancia.

2. Celebración de Hitos Importantes: Organiza celebraciones especiales para conmemorar hitos importantes en la vida del niño, como graduaciones, cumpleaños y logros académicos.

3. Expresión de Gratitud: Enseña al niño a expresar gratitud por sus logros y por el apoyo recibido de los demás, lo que promueve un sentido de conexión y pertenencia emocional.

Al fomentar la autoestima y la confianza, desarrollar habilidades de afrontamiento, buscar oportunidades de crecimiento personal y celebrar el progreso y los logros emocionales, podemos ayudar al niño a desarrollar una mentalidad positiva y resiliente que le servirá bien a lo largo de su vida

Nutriendo la comunicación efectiva

Algunas estrategias prácticas para una comunicación abierta y sincera, así como para escuchar activamente a tu adolescente:

Estrategias para una Comunicación Abierta y Sincera:

1. Establecer un Entorno de Confianza: Crea un ambiente en el hogar donde tu adolescente se sienta seguro para expresar sus pensamientos y sentimientos sin temor al juicio.

2. Practicar la Escucha Activa: Presta atención a lo que tu adolescente está diciendo, haciendo contacto visual y mostrando interés genuino en sus palabras.

3. Ser Empático: Intenta ponerte en el lugar de tu adolescente y comprender sus emociones desde su perspectiva, reconociendo sus preocupaciones y mostrando empatía.

4. Evitar Juzgar: *Refrena de juzgar o criticar las opiniones de tu adolescente, en lugar de eso, muestra apertura y aceptación hacia sus puntos de vista.*

5. Fomentar la Honestidad: Sé honesto y transparente en tus propias comunicaciones con tu adolescente, modelando el tipo de comunicación que esperas recibir.

6. Preguntar Abiertamente: Haz preguntas abiertas que fomenten la reflexión y la conversación, en lugar de preguntas cerradas que solo requieran respuestas cortas.

7. Respetar los Tiempos y Espacios: Respeta los tiempos y espacios de tu adolescente, reconociendo que a veces puede necesitar tiempo a solas para procesar sus pensamientos y emociones.

8. Fomentar la Autoexpresión: Anima a tu adolescente a expresarse de manera creativa a través del arte, la escritura o la música, como una forma adicional de comunicarse.

Cómo Escuchar Activamente a tu Adolescente:

1. Eliminar Distracciones: Apaga los dispositivos electrónicos y encuentra un lugar tranquilo para hablar donde puedan concentrarse el uno en el otro.

2. Mostrar Interés: Haz preguntas abiertas y muestra interés genuino en lo que tu adolescente está compartiendo.

3. Validar sus Sentimientos: Valida los sentimientos de tu adolescente, reconociendo sus emociones y mostrando comprensión hacia su experiencia.

4. Repetir y Resumir: Repite lo que tu adolescente ha dicho en tus propias palabras para asegurarte de haber entendido correctamente, y resume el punto principal para demostrar que estás escuchando.

5. Evitar Interrumpir: Evita interrumpir a tu adolescente mientras habla, permitiéndole expresar sus pensamientos y sentimientos sin interrupciones.

6. Ofrecer Apoyo: Ofrece palabras de aliento y apoyo, mostrándote disponible para ayudar a tu adolescente a abordar cualquier problema que pueda surgir.

7. Reconocer el Valor de su Opinión: Reconoce y respeta la opinión de tu adolescente, incluso si no estás de acuerdo, para fomentar un sentido de valía y autonomía.

8. Fomentar la Reflexión: Pregunta a tu adolescente cómo se siente después de haber compartido sus pensamientos y emociones, y fomenta la reflexión sobre el proceso de comunicación.

Al practicar estas estrategias de comunicación abierta y escucha activa, puedes fortalecer el vínculo con tu adolescente y crear un espacio donde se sienta seguro para compartir sus pensamientos y sentimientos contigo.

Facilitar el diálogo sobre emociones difíciles es fundamental para el proceso terapéutico. Aquí hay algunas formas de construir puentes de entendimiento durante estas conversaciones:

1. Crear un Espacio Seguro: Establece un ambiente acogedor y seguro donde los pacientes se sientan cómodos para expresar sus emociones sin temor al juicio o la crítica.

2. Escuchar Activa y Empáticamente: Practica la escucha activa, mostrando interés genuino en lo que el paciente está compartiendo y demostrando empatía hacia sus sentimientos y experiencias.

3. Validar las Emociones: Valida las emociones del paciente reconociendo y aceptando sus sentimientos como legítimos y comprensibles, incluso si no estás de acuerdo con ellos.

4. Explorar las Raíces de las Emociones: Ayuda al paciente a explorar las raíces profundas de sus emociones, identificando eventos pasados o patrones de pensamiento que puedan contribuir a su malestar emocional.

5. Normalizar las Emociones: Normaliza las emociones difíciles al explicar que es natural experimentar una variedad de sentimientos, incluso los que pueden parecer incómodos o abrumadores.

6. Enseñar Estrategias de Afrontamiento: Ofrece al paciente herramientas y técnicas de afrontamiento para manejar sus emociones difíciles de manera saludable y constructiva.

7. Fomentar la Autocompasión: Anime al paciente a practicar la autocompasión y el autocuidado, reconociendo su propia humanidad y mostrándose amable consigo mismo en momentos de dificultad.

8. Promover la Comunicación Abierta: Incentiva al paciente a comunicarse abiertamente sobre sus emociones, alentándolo a expresar lo que siente de manera clara y honesta.

9. Facilitar la Resolución de Conflictos: ayuda al paciente a identificar y abordar cualquier conflicto interno o externo que pueda estar contribuyendo a sus emociones difíciles, buscando soluciones constructivas y adaptativas.

10. Reflexionar sobre el Progreso: Reflexiona con el paciente sobre su progreso emocional a lo largo del tiempo, reconociendo los cambios positivos y celebrando los logros, por pequeños que sean.

Al construir puentes de entendimiento durante el diálogo sobre emociones difíciles, los pacientes pueden sentirse apoyados y comprendidos en su viaje hacia la salud emocional y el bienestar.

Gestionando el estrés adolescente

Gestionar el estrés adolescente es crucial para promover su bienestar emocional y su salud mental. Aquí hay algunas formas de identificar fuentes comunes de estrés y describir maneras prácticas de implementar técnicas de manejo del estrés:

Identificación de Fuentes Comunes de Estrés:

1. Presión Académica: El estrés académico, como las altas expectativas de rendimiento académico, exámenes, trabajos y proyectos escolares.

2. **Relaciones Interpersonales:** Las dificultades en las relaciones con amigos, familiares o compañeros de clase pueden generar estrés.

3. **Cambios Físicos:** Los cambios físicos durante la adolescencia, como la pubertad, pueden causar estrés debido a la preocupación por la apariencia y la aceptación social.

4. **Presión Social:** La presión para encajar y conformarse con los estándares sociales puede ser una fuente significativa de estrés para los adolescentes.

5. **Tecnología y Redes Sociales:** El uso excesivo de la tecnología y las redes sociales puede contribuir al estrés debido a la comparación con los demás y la preocupación por la imagen personal.

6. **Preocupaciones Futuras:** la incertidumbre sobre el futuro, como la elección de la carrera, la universidad o el empleo, puede generar estrés en los adolescentes.

Maneras Prácticas de Implementar Técnicas de Manejo del Estrés:

1. **Respiración Profunda:** Enseña al adolescente técnicas de respiración profunda para ayudar a reducir la ansiedad y promover la relajación.

2. **Práctica de Mindfulness**: Fomenta la práctica de mindfulness o atención plena para ayudar al adolescente a estar presente en el momento presente y a reducir el estrés.

3. **Ejercicio Regular:** Anima al adolescente a participar en actividades físicas como el ejercicio, el yoga o la danza, que pueden ayudar a liberar tensiones y mejorar el estado de ánimo.

4. **Gestión del Tiempo:** Enseña al adolescente a gestionar su tiempo de manera efectiva, estableciendo horarios y priorizando tareas para reducir la sensación de abrumamiento.

5. **Establecimiento de Límites:** Ayuda al adolescente a establecer límites saludables en su vida, incluido el tiempo dedicado a la tecnología y las redes sociales.

6. **Desarrollo de Habilidades de Afrontamiento:** Enseña al adolescente habilidades de afrontamiento efectivas, como la resolución de problemas y la comunicación asertiva, para enfrentar el estrés de manera constructiva.

7. **Apoyo Social:** Promueve la búsqueda de apoyo social por parte del adolescente, ya sea a través de amigos, familiares o profesionales de la salud mental.

8. **Hábitos de Sueño Saludables:** Educa al adolescente sobre la importancia de un sueño reparador y fomenta hábitos de sueño saludables para reducir el estrés y mejorar el bienestar general.

Al ayudar a los adolescentes a identificar fuentes comunes de estrés y a implementar técnicas prácticas de manejo del estrés, podemos apoyar su salud mental y promover su capacidad para enfrentar los desafíos de manera efectiva.

En cohesión con la gestión del estrés adolescente y las técnicas de manejo del estrés, es fundamental crear rutinas de bienestar emocional y apoyar la búsqueda de equilibrio entre responsabilidades y autocuidado. Aquí hay algunas maneras prácticas de lograrlo:

Crear Rutinas de Bienestar Emocional:

1. **Establecer Horarios Regulares:** Ayuda al adolescente a establecer horarios regulares para actividades de autocuidado, como la práctica de mindfulness, el ejercicio físico y el tiempo para relajarse.

2. **Fomentar la Expresión Emocional:** Anime al adolescente a expresar sus emociones de manera saludable, ya sea a través de la escritura, el arte o la conversación con amigos o familiares de confianza.

3. **Promover la Nutrición y el Sueño:** Educa al adolescente sobre la importancia de una alimentación balanceada y de un sueño reparador, y fomenta hábitos saludables en estas áreas.

4. **Incluir Momentos de Descanso:** Ayuda al adolescente a incluir momentos de descanso y relajación en su rutina diaria, reservando tiempo para actividades que disfrute y que le ayuden a recargar energías.

5. **Establecer Metas Realistas:** Ayuda al adolescente a establecer metas alcanzables en áreas importantes de su vida, lo que puede promover un sentido de logro y bienestar emocional.

6. **Practicar la Gratitud:** Fomenta la práctica diaria de la gratitud, animando al adolescente a reflexionar sobre las cosas positivas en su vida y a reconocerlas con agradecimiento.

7. **Crear un Espacio de Calma:** Ayuda al adolescente a crear un espacio en su hogar que promueva la calma y la relajación, donde pueda retirarse para desconectar y recargar energías cuando sea necesario.

Apoyar la Búsqueda de Equilibrio entre Responsabilidades y Autocuidado:

1. **Fomentar el Autoconocimiento:** Ayuda al adolescente a identificar sus prioridades y necesidades individuales, y a encontrar un equilibrio entre sus responsabilidades y su autocuidado.

2. **Enseñar la Importancia del Autocuidado:** Educa al adolescente sobre la importancia del autocuidado y cómo este puede mejorar su capacidad para enfrentar desafíos y cumplir con sus responsabilidades.

3. **Ofrecer Apoyo y Orientación:** Brinda apoyo y orientación al adolescente en la gestión del tiempo y el establecimiento de límites saludables entre las obligaciones y el tiempo para sí mismo.

4. **Modelar el Comportamiento:** Modela un comportamiento equilibrado entre responsabilidades y autocuidado, mostrando al adolescente cómo encontrar tiempo para cuidarse a sí mismo incluso en medio de las responsabilidades cotidianas.

5. **Celebrar los Logros de Equilibrio:** Celebra los logros del adolescente cuando logra encontrar un equilibrio saludable entre sus responsabilidades y su autocuidado, reconociendo su capacidad para priorizar su bienestar emocional.

Al crear rutinas de bienestar emocional y apoyar la búsqueda de equilibrio entre responsabilidades y autocuidado, podemos ayudar a los adolescentes a desarrollar hábitos saludables que promuevan su bienestar general y su capacidad para enfrentar los desafíos de la vida con resiliencia y fortaleza.

Algo que tambien es crucial es reconocer la influencia significativa que los grupos de pares tienen en el desarrollo socioemocional de los adolescentes.

Aquí hay algunas maneras efectivas y prácticas de promover la autenticidad y la autoaceptación en este contexto:

1. **Comprender el Papel de los Grupos de Pares:** Reconocer que los adolescentes suelen buscar la validación y la aceptación de sus compañeros, lo que puede influir en su autoconcepto y su comportamiento.

2. **Identificar Normas Sociales:** Estar al tanto de las normas sociales dentro de los grupos de pares, incluidas las expectativas de comportamiento y las presiones para conformarse con determinados estándares.

3. **Estar Atento a Dinámicas Grupales:** Observar las dinámicas grupales, como la exclusión, el acoso o la presión de grupo, que pueden afectar negativamente la autoestima y el bienestar emocional de los adolescentes.

Promover la Autenticidad y la Autoaceptación:

1. **Fomentar un Ambiente de Aceptación:** Crear un ambiente escolar y familiar que promueva la aceptación incondicional y la diversidad, donde los adolescentes se sientan seguros para ser auténticos y expresarse libremente.

2. **Enseñar la Importancia de la Autenticidad:** Educar a los adolescentes sobre la importancia de ser auténticos consigo mismos, alentándolos a explorar y aceptar su identidad única y sus intereses individuales.

3. **Modelar el Comportamiento Auténtico:** Ser un modelo a seguir de autenticidad y autoaceptación, mostrando a los adolescentes que está bien ser ellos mismos y que no necesitan conformarse con las expectativas de los demás.

4. **Fomentar la Autoexploración:** Animar a los adolescentes a explorar sus propios valores, intereses y pasiones, y a desarrollar una mayor conciencia de sí mismos y de lo que los hace únicos.

5. **Promover la Empatía y la Tolerancia:** Enseñar a los adolescentes a practicar la empatía y la tolerancia hacia los demás, fomentando un ambiente de respeto mutuo y aceptación de la diversidad.

6. **Proporcionar Apoyo Emocional:** Ofrecer apoyo emocional a los adolescentes que están luchando con su autoimagen o su autoestima, brindándoles un espacio seguro para hablar sobre sus preocupaciones y ayudándoles a desarrollar una actitud más compasiva hacia sí mismos.

7. **Fomentar la Resiliencia:** Enseñar a los adolescentes habilidades de afrontamiento y resiliencia que les ayuden a enfrentar la presión de grupo y a mantener una imagen positiva de sí mismos, incluso frente a la adversidad.

Al promover la autenticidad y la autoaceptación, podemos ayudar a los adolescentes a desarrollar una mayor confianza en sí mismos y a cultivar relaciones más saludables y significativas con sus compañeros. Esto les permitirá navegar de manera más segura y segura por el complejo paisaje social de la adolescencia.

En cohesión con el reconocimiento de la influencia de los grupos de pares y la promoción de la autenticidad y la autoaceptación, es crucial construir habilidades sociales saludables en los adolescentes. Aquí hay algunas maneras efectivas de hacerlo, incluyendo el apoyo a la toma de decisiones basada en valores personales:

Construir Habilidades Sociales Saludables:

1. **Fomentar la Comunicación Asertiva:** Enseñar a los adolescentes a expresar sus pensamientos y sentimientos de manera clara y respetuosa, al tiempo que establecen límites saludables en las relaciones.

2. **Practicar la Empatía:** Ayudar a los adolescentes a desarrollar empatía hacia los demás, fomentando la comprensión y el respeto por las perspectivas y experiencias diferentes.

3. **Promover la Colaboración:** Animar a los adolescentes a trabajar en equipo y a colaborar con otros en proyectos y actividades, lo que les permite desarrollar habilidades de trabajo en equipo y resolución de problemas.

4. **Enseñar Habilidades de Escucha Activa:** Educar a los adolescentes sobre la importancia de escuchar activamente a los demás, demostrando interés genuino en sus puntos de vista y mostrando empatía hacia sus experiencias.

5. **Fomentar la Asertividad:** Enseñar a los adolescentes a defender sus derechos y necesidades de manera respetuosa y asertiva, sin ser pasivos ni agresivos en sus interacciones sociales.

6. **Practicar el Respeto y la Tolerancia:** promover el respeto mutuo y la tolerancia hacia la diversidad, enseñando a los adolescentes a valorar las diferencias individuales y a tratar a los demás con cortesía y consideración.

7. **Desarrollar Habilidades de Resolución de Conflictos:** Brindar a los adolescentes herramientas y estrategias para resolver conflictos de manera pacífica y constructiva, promoviendo la comunicación abierta y el compromiso.

Apoyar la Toma de Decisiones Basada en Valores Personales:

1. **Explorar los Valores Personales:** Ayudar a los adolescentes a identificar y reflexionar sobre sus propios valores y creencias, lo que les permite tomar decisiones alineadas con sus principios y convicciones.

2. **Ofrecer Orientación Ética:** Proporcionar orientación sobre cuestiones éticas y morales, ayudando a los adolescentes a comprender las implicaciones de sus decisiones en relación con sus valores personales y el bienestar de los demás.

3. **Fomentar la Reflexión:** Animar a los adolescentes a reflexionar sobre las posibles consecuencias de sus acciones y decisiones, considerando cómo estas afectarán a ellos mismos y a los demás a largo plazo.

4. **Apoyar la Autonomía:** Fomentar la autonomía y la independencia en la toma de decisiones, brindando a los adolescentes la confianza y el espacio para tomar decisiones por sí mismos y asumir la responsabilidad de las consecuencias.

5. **Modelar Decisiones Basadas en Valores:** Ser un modelo a seguir de toma de decisiones basada en valores, mostrando coherencia entre lo que se dice y lo que se hace, y demostrando integridad en todas las áreas de la vida.

Al construir habilidades sociales saludables y apoyar la toma de decisiones basada en valores personales, podemos ayudar a los adolescentes a desarrollar relaciones positivas y significativas, así como a tomar decisiones éticas y responsables en su vida diaria. Esto les proporcionará una base sólida para enfrentar los desafíos sociales y éticos que puedan encontrar a lo largo de su vida.

Explorando la auto-identidad

Fomentando la Exploración Personal:

La exploración personal es un proceso vital en el desarrollo humano. Implica la búsqueda y comprensión de uno mismo, incluyendo pensamientos, emociones, habilidades y valores. En el contexto educativo, esto se traduce en brindar oportunidades para que los estudiantes se conozcan a sí mismos en profundidad. Esto se puede lograr a través de actividades como la reflexión personal, mantener diarios de autoevaluación y participar en sesiones de orientación personalizada. Estas prácticas les permiten a los estudiantes no solo entender quiénes son, sino también cómo interactúan con el mundo que los rodea.

Apoyando la Búsqueda de Pasiones e Intereses:

Descubrir y seguir las pasiones e intereses individuales es un catalizador poderoso para el aprendizaje y el desarrollo personal. Al alentar a los estudiantes a explorar y cultivar sus intereses, se fomenta una mayor motivación y compromiso con el proceso educativo. Esto se puede lograr ofreciendo una variedad de programas extracurriculares, permitiendo la elección de proyectos personalizados y fomentando la autoexploración a través de actividades creativas. Cuando los estudiantes se sienten conectados con lo que están aprendiendo, están más dispuestos a dedicar tiempo y esfuerzo a sus estudios.

Celebrando la Diversidad y la Individualidad:

Cada persona es única, con sus propias experiencias, perspectivas y características. Celebrar la diversidad y la individualidad en el entorno educativo crea un ambiente inclusivo y enriquecedor para todos. Esto implica no solo reconocer las diferencias individuales, sino también valorarlas y respetarlas.

Los educadores pueden promover la diversidad al incluir una variedad de perspectivas en el currículo, organizar eventos culturales y fomentar el diálogo abierto sobre temas de diversidad e inclusión. Cuando los estudiantes se sienten aceptados y valorados por quiénes son, están más dispuestos a participar activamente en su educación.

Guiando el Desarrollo de una Identidad Sólida y Positiva

El desarrollo de una identidad sólida y positiva es un proceso continuo que se ve influenciado por diversas experiencias y relaciones a lo largo de la vida. En el contexto educativo, los educadores desempeñan un papel importante en este proceso al proporcionar orientación y apoyo emocional a los estudiantes. Esto puede implicar ofrecer tutorías individualizadas, organizar talleres de desarrollo personal y brindar oportunidades para construir la autoestima. Cuando los estudiantes tienen una comprensión clara de quiénes son y qué valores defienden, están mejor preparados para enfrentar los desafíos de la vida con confianza y resiliencia.

Establecer Límites y Expectativas Claras:

Es fundamental establecer límites y expectativas claras en cualquier entorno educativo para promover un ambiente seguro y estructurado. Una manera empática de hacerlo es involucrar a los estudiantes en la creación de estas normas. Esto puede lograrse a través de discusiones grupales donde se les anime a compartir sus ideas sobre cómo quieren que sea el ambiente de aprendizaje. Luego, se pueden negociar y acordar límites y expectativas que sean justos y realistas para todos. Además, es importante comunicar estos límites de manera clara y consistente, recordando siempre el propósito detrás de ellos: promover el aprendizaje y el bienestar de todos los involucrados.

Promover Relaciones Basadas en el Respeto Mutuo:

Las relaciones basadas en el respeto mutuo son esenciales para crear un ambiente de aprendizaje positivo y enriquecedor. Para fomentar estas relaciones de manera empática, es crucial modelar el respeto en todas las interacciones con los estudiantes. Esto implica escuchar activamente sus preocupaciones, mostrar empatía hacia sus experiencias y tratarlos con dignidad y cortesía en todo momento. Además, se pueden implementar actividades que fomenten la colaboración y el trabajo en equipo, donde se valore y se reconozca la contribución de cada individuo. Al priorizar el respeto mutuo en el aula, se crea un sentido de comunidad donde todos se sienten valorados y aceptados.

Abordar los Diferentes Tipos de Conflictos de Manera Constructiva

Los conflictos son inevitables en cualquier entorno social, incluido el educativo, pero pueden ser oportunidades para el crecimiento personal y la resolución de problemas. Para abordar los diferentes tipos de conflictos de manera constructiva, es importante enseñar a los estudiantes habilidades de comunicación efectiva y resolución de conflictos. Esto incluye aprender a escuchar activamente, expresar sus necesidades de manera clara y respetuosa, y buscar soluciones que satisfagan las necesidades de todas las partes involucradas. Además, es útil fomentar un ambiente donde los errores sean vistos como oportunidades de aprendizaje y donde se aliente el diálogo abierto y honesto sobre las diferencias.

Fomentar la Empatía y la Compasión en las Relaciones Interpersonales:

La empatía y la compasión son habilidades sociales fundamentales que promueven relaciones interpersonales saludables y respetuosas. Para fomentar estas cualidades en los estudiantes, es importante modelarlas en todas las interacciones y brindar oportunidades para practicarlas.

Esto puede incluir actividades como el juego de roles para entender las perspectivas de los demás, discusiones grupales sobre temas emocionales y la participación en proyectos de servicio comunitario que fomenten la compasión hacia los demás. Además, es útil incorporar la educación emocional en el currículo para ayudar a los estudiantes a comprender y gestionar sus propias emociones, lo que a su vez les permite ser más empáticos con los demás. Al fomentar la empatía y la compasión en las relaciones interpersonales, se promueve un ambiente de apoyo y cuidado mutuo donde todos se sienten valorados y comprendidos.

Explorando el mundo digital

Aquí tienes una guía sobre el manejo de las redes sociales y cómo promover la seguridad en línea y la privacidad digital:

1. Educación inicial:
- Antes de que tus hijos comiencen a usar redes sociales, explícales los conceptos básicos de seguridad en línea y privacidad digital.
- Habla sobre los riesgos potenciales, como el acoso cibernético, el robo de identidad y el acceso a contenido inapropiado.

2. Elección de plataformas adecuadas:
- Ayuda a tus hijos a seleccionar redes sociales apropiadas para su edad y madurez.
- Investiga las políticas de privacidad y seguridad de las plataformas para tomar decisiones informadas.

3. Configuración de la privacidad:
- Guía a tus hijos para que ajusten la configuración de privacidad de sus cuentas, limitando la visibilidad de su información personal y estableciendo quién puede ver sus publicaciones.
- Enseña cómo bloquear y denunciar usuarios inapropiados o comportamientos sospechosos.

4. Consejos para publicar contenido:
- Anima a tus hijos a pensar antes de publicar, considerando cómo podría afectar su reputación y privacidad.

- Enseña la importancia de no compartir información sensible, como números de teléfono, direcciones o contraseñas.

5. Construcción de relaciones en línea:
- Discute la importancia de ser selectivo al aceptar solicitudes de amistad o seguir a personas en línea, priorizando conexiones con amigos y familiares conocidos.

6. Sensibilización sobre el acoso cibernético:
- Educa sobre los diferentes tipos de acoso cibernético y cómo identificar y responder ante situaciones de acoso.
- Anima a tus hijos a comunicarse contigo o con un adulto de confianza si experimentan acoso en línea.

7. Supervisión activa:
- Supervisa regularmente la actividad en línea de tus hijos, sin invadir su privacidad, para estar al tanto de posibles problemas o comportamientos preocupantes.

8. Fomento de la comunicación abierta:
- Promueve un ambiente de confianza donde tus hijos se sientan cómodos compartiendo sus experiencias en línea contigo.
- Establece tiempos regulares para hablar sobre su uso de las redes sociales y cualquier preocupación que puedan tener.

9. Permanece actualizado:
- Mantente informado sobre las nuevas tendencias y riesgos en las redes sociales, y actualiza tus consejos y pautas según sea necesario.

10. Modelado de comportamiento positivo:
- Sé un ejemplo de un uso responsable y respetuoso de las redes sociales, mostrando cómo interactuar de manera segura y constructiva en línea.

Te ofrecere algunas pautas para navegar los desafíos de la era digital y fomentar un uso saludable de la tecnología:

1. **Establecer límites claros:** Define reglas sobre el tiempo de pantalla y el tipo de contenido permitido según la edad y las necesidades individuales de tus hijos.

2. **Educar sobre los riesgos:** Habla con tus hijos sobre los peligros potenciales en línea, como el ciberacoso, la privacidad y la seguridad en internet.

3. **Fomentar el equilibrio:** Promueve actividades fuera de la pantalla, como deportes, lectura y juegos de mesa, para mantener un equilibrio saludable entre el tiempo en línea y fuera de línea.

4. **Modelar un comportamiento digital positivo:** Sé un ejemplo de un uso responsable y respetuoso de la tecnología, limitando tu propio tiempo de pantalla y practicando la etiqueta en línea.

5. **Mantenerse involucrado:** Establece una comunicación abierta con tus hijos sobre su actividad en línea y conoce las aplicaciones y plataformas que utilizan.

6. **Fomentar la creatividad y el aprendizaje:** Anime a tus hijos a usar la tecnología de manera constructiva, como para crear contenido, aprender nuevos temas o explorar sus intereses.

7. **Supervisar y proteger:** Utiliza herramientas de control parental para monitorear la actividad en línea de tus hijos y protegerlos de contenido inapropiado.

8. **Adaptarse y aprender juntos:** La tecnología evoluciona rápidamente, así que mantente informado sobre las últimas tendencias y herramientas, y aprende junto con tus hijos cómo utilizarlas de manera segura y productiva.

Fortaleciendo el vínculo familiar

Aquí tienes algunas maneras de superar desafíos juntos como familia, celebrando la unidad y el amor incondicional:

1. **Comunicación abierta:** Fomenta un ambiente donde todos los miembros de la familia se sientan cómodos compartiendo sus preocupaciones, éxitos y experiencias en línea. Establece momentos regulares para hablar sobre el uso de las redes sociales y cualquier desafío que pueda surgir.

2. **Apoyo mutuo:** Demuestra empatía y apoyo hacia los miembros de la familia cuando enfrenten dificultades en línea, ya sea acoso cibernético, problemas de privacidad o cualquier otra situación. Trabaja juntos para encontrar soluciones y superar obstáculos.

3. **Educación continua:** Dedica tiempo a aprender juntos sobre las últimas tendencias y riesgos en línea. Asiste a talleres, conferencias o charlas sobre seguridad en internet como familia, y discutan cómo aplicar lo aprendido en su vida digital diaria.

4. **Establecer metas comunes:** Define metas relacionadas con el uso saludable de la tecnología y la seguridad en línea como familia. Por ejemplo, podrían comprometerse a limitar el tiempo de pantalla, revisar regularmente la configuración de privacidad de las cuentas o participar en actividades fuera de línea juntos.

5. **Crear tradiciones familiares digitales:** Desarrolla tradiciones familiares que involucren el uso de la tecnología de manera positiva y significativa. Por ejemplo, podrían tener una noche semanal de "cine en casa" donde elijan una película para ver juntos o participar en juegos en línea como familia.

6. **Reconocer y celebrar logros:** Celebra los logros y éxitos de cada miembro de la familia en línea, ya sea alcanzar un objetivo personal, crear contenido creativo o mantener una conducta responsable en internet. Reconocer y elogiar estos logros refuerza los lazos familiares y promueve una cultura de aprecio y positividad.

7. **Crear recuerdos offline:** Dedica tiempo regularmente a actividades familiares fuera de línea, como salir a caminar, cocinar juntos, jugar juegos de mesa o simplemente pasar tiempo de calidad conversando. Estas experiencias fortalecen los vínculos familiares y equilibran el tiempo pasado frente a las pantallas.

8. **Demostrar amor incondicional:**Enfócate en cultivar relaciones sólidas y amorosas entre los miembros de la familia, recordándoles constantemente que el amor y el apoyo están presentes independientemente de los desafíos que enfrenten en línea o fuera de ella.

Para crear momentos significativos en familia fomentando la comunicación y la colaboración, aquí tienes algunas ideas:

1. **Cena sin dispositivos:** Dedica al menos una noche a la semana a tener una cena sin dispositivos electrónicos. Apaga los teléfonos celulares, tablets y televisores, y disfruten de una comida juntos mientras conversan sobre sus días, intereses y planes futuros.

2. **Noche de juegos en familia:** Organiza una noche de juegos en la que todos los miembros de la familia elijan un juego y pasen tiempo jugando juntos. Los juegos de mesa, cartas o videojuegos cooperativos son excelentes opciones para fomentar la colaboración y el trabajo en equipo.

3. **Proyecto creativo en equipo:** Elijan un proyecto creativo que puedan realizar juntos, como pintar un mural, crear una obra de teatro casera o construir un jardín. Trabajen en equipo para planificar, ejecutar y disfrutar del proceso creativo, celebrando sus logros al finalizar el proyecto.

4. **Excursión al aire libre:** Organicen una excursión familiar a un parque, playa o área natural cercana. Disfruten del aire fresco mientras caminan, juegan y exploran juntos. Esta es una oportunidad perfecta para conversar y conectar en un entorno relajado y sin distracciones digitales.

5. **Noche de película casera:** Preparen palomitas de maíz y elijan una película que todos quieran ver. Crear un ambiente acogedor con mantas y almohadas, y disfruten de la película juntos en casa. Después, conversen sobre la película y compartan sus opiniones y reflexiones.

6. **Cocinar en familia:** Dediquen una tarde a cocinar juntos una comida especial. Elijan una receta que todos quieran probar y trabajen juntos en la preparación de los ingredientes y la cocción. Disfruten del resultado final durante una comida en la que cada miembro de la familia contribuyó.

7. **Día de voluntariado:** Busquen oportunidades de servicio comunitario o voluntariado y participen juntos como familia. Colaborar en proyectos solidarios no solo fortalece los lazos familiares, sino que también enseña valores importantes como la empatía y la solidaridad.

8. **Sesión de fotos en familia:** Organicen una sesión de fotos en la que todos participen. Elijan un lugar especial o simplemente tomen fotos en casa. Esta actividad no solo crea recuerdos duraderos, sino que también fomenta la comunicación y la colaboración al trabajar juntos para capturar momentos especiales.

Mirando hacia el futuro con esperanza

Hay que entiendo la importancia de mantener una conexión emocional duradera con nuestros hijos, inspirando confianza en su camino hacia el futuro. Aquí hay algunas formas de lograrlo:

1. **Escucha activa:** Dedica tiempo a escuchar atentamente a tus hijos, mostrando interés genuino en sus pensamientos, sentimientos y preocupaciones. Esto les brinda un espacio seguro para expresarse y fortalece el vínculo emocional entre ustedes.

2. **Validación y apoyo:** Valida las emociones de tus hijos y bríndales apoyo incondicional en sus desafíos y logros. Reconocer y validar sus experiencias les ayuda a sentirse comprendidos y aceptados, fortaleciendo su confianza en ti como figura de apoyo emocional.

3. **Comunicación abierta y honesta:** Cultiva una comunicación abierta y honesta con tus hijos, fomentando un ambiente donde puedan hablar libremente sobre cualquier tema, incluso aquellos difíciles o delicados. Estar dispuesto a abordar sus preocupaciones y responder a sus preguntas les da la seguridad de que siempre pueden confiar en ti para obtener orientación y apoyo.

4. **Empatía y comprensión:** Practica la empatía al ponerse en el lugar de tus hijos y comprender sus experiencias desde su perspectiva. Mostrar empatía les ayuda a sentirse entendidos y conectados emocionalmente contigo, fortaleciendo su confianza en tu capacidad para apoyarlos en su crecimiento emocional y desarrollo.

5. **Modelado de comportamiento positivo:** Sé un modelo a seguir al demostrar comportamientos emocionalmente saludables y constructivos en tu propia vida. Esto incluye manejar el estrés de manera efectiva, resolver conflictos de manera pacífica y expresar emociones de manera adecuada. Tu ejemplo inspira confianza en tus hijos al mostrarles cómo navegar las emociones y los desafíos de la vida de manera positiva.

6. **Celebración de los logros:** Reconoce y celebra los logros de tus hijos, ya sean grandes o pequeños. Mostrar orgullo por sus esfuerzos y logros les da la seguridad de que son valorados y apreciados, fortaleciendo su confianza en sí mismos y en su capacidad para enfrentar los desafíos futuros con éxito.

7. **Apoyo en la toma de decisiones: Br**inda apoyo y orientación a tus hijos en la toma de decisiones importantes, fomentando su autonomía y confianza en su capacidad para tomar decisiones informadas.

Estar presente para escuchar sus pensamientos y proporcionar información relevante les da la seguridad de que están respaldados en sus elecciones, lo que fortalece su conexión emocional contigo.

Preparar a un adolescente para la vida adulta implica fomentar su autonomía y responsabilidad. Aquí hay algunas maneras de hacerlo:

1. **Delegar tareas domésticas:** Asigna responsabilidades en el hogar que ayuden al adolescente a desarrollar habilidades prácticas y responsabilidad, como lavar los platos, hacer la compra o limpiar su habitación. Esto les enseña la importancia del trabajo en equipo y contribuir al bienestar familiar.

2. **Establecer metas y planes:** Ayuda al adolescente a establecer metas a corto y largo plazo y a desarrollar un plan para alcanzarlas. Esto les enseña la importancia de la planificación y la perseverancia en la consecución de sus objetivos.

3. **Fomentar la toma de decisiones:** Brinda al adolescente oportunidades para tomar decisiones por sí mismos, desde elecciones simples como qué ropa usar hasta decisiones más complejas como qué carrera estudiar o qué actividades extracurriculares realizar. Apoya sus decisiones y ayúdalos a aprender de los errores.

4. **Enseñar habilidades prácticas:** Enséñales habilidades prácticas necesarias para la vida diaria, como cocinar, manejar el dinero, planificar un presupuesto, hacer la colada o mantener un horario organizado. Estas habilidades les darán la confianza necesaria para desenvolverse de manera independiente en la vida adulta.

5. **Promover la gestión del tiempo:** Ayuda al adolescente a aprender a administrar su tiempo de manera efectiva, priorizando tareas y actividades según su importancia y urgencia. Esto les ayuda a desarrollar habilidades de organización y gestión del tiempo que serán útiles en la vida adulta.

6. **Fomentar la comunicación:** Mantén una comunicación abierta y honesta con el adolescente, fomentando un ambiente donde se sienta cómodo expresando sus pensamientos, sentimientos y preocupaciones. Esto les ayuda a desarrollar habilidades de comunicación importantes para establecer relaciones saludables en la vida adulta.

7. **Modelar comportamientos adultos:** Sé un modelo a seguir al demostrar comportamientos adultos, como la responsabilidad, la integridad, la empatía y la resolución de problemas. Esto les brinda un ejemplo positivo a seguir y les ayuda a desarrollar las habilidades necesarias para enfrentar los desafíos de la vida adulta de manera efectiva.

Ejercicios prácticos para fortalecer el vínculo emocional

15 Ejercicios prácticos para fortalecer el vínculo emocional

1. Cartas de aprecio: Escriban cartas de aprecio y gratitud entre los miembros de la familia, expresando lo que valoran y aman de cada uno.

2. Día de compartir emociones: Dediquen un día a compartir sus emociones y experiencias personales, creando un espacio seguro para expresarse libremente sin juicios.

3. Abrazos diarios: Establezcan la rutina de darse abrazos diarios como muestra de afecto y conexión emocional.

4. Juego de roles: Practiquen juegos de roles donde cada miembro de la familia asuma el papel de otro y expresen sus pensamientos y sentimientos desde esa perspectiva.

5. Libro de recuerdos: creen un libro de recuerdos familiar donde cada uno contribuya con fotos, dibujos y notas sobre momentos especiales juntos.

6. Lista de deseos: Elaboren una lista de deseos en común como familia y trabajen juntos para hacer realidad esos sueños y metas.

7. Día de la aventura: Organicen un día de aventura en el que exploren un lugar nuevo juntos, fomentando la exploración y el descubrimiento en familia.

8. Práctica de mindfulness: Dediquen tiempo a practicar mindfulness juntos, realizando ejercicios de respiración y meditación para conectar con sus emociones y la presencia en el momento presente.

9. Círculo de gratitud: Formen un círculo de gratitud donde cada miembro comparta algo por lo que está agradecido en ese momento.

10. Proyecto conjunto: Inicien un proyecto creativo o solidario juntos, como pintar un mural en casa o participar en una actividad de voluntariado, fortaleciendo los lazos familiares mientras trabajan hacia un objetivo común.

11. Noche de películas temáticas: Organicen noches de películas temáticas donde cada miembro de la familia elija una película que refleje sus emociones o experiencias actuales, y luego discutan cómo se relacionan con la historia.

12. Juego de la verdad: Jueguen al "juego de la verdad" donde cada miembro de la familia hace una pregunta profunda y todos comparten sus respuestas honestas, promoviendo la intimidad y el entendimiento mutuo.

13. Diario familiar: Mantengan un diario familiar compartido donde cada miembro pueda escribir sus pensamientos, deseos y experiencias, y luego tengan sesiones regulares para leer y discutir lo que han escrito.

14. Rituales familiares: Establezcan rituales familiares como cenas semanales, paseos dominicales o noches de juegos, creando momentos regulares para conectarse y disfrutar juntos.

15. Tarros de la felicidad: Creen tarros de la felicidad donde cada miembro de la familia escriba cosas que los hacen felices y agradecidos, y luego compartan esas notas en momentos especiales.

Cultivar el jardín del amor con 10 diferentes actividades familiares emocionantes

1. Picnic en el parque: Organicen un picnic en un parque cercano, llevando comida deliciosa y juegos para disfrutar juntos al aire libre.

2. Noche de fogata:Organicen una noche de fogata en el patio trasero, con marshmallows, historias de fantasmas y canciones alrededor del fuego.

3. Excursión a la playa: Pasen un día en la playa construyendo castillos de arena, nadando en el mar y disfrutando del sol juntos como familia.

4. Visita a un zoológico: Planifiquen una visita al zoológico local, donde puedan explorar y aprender sobre animales exóticos juntos.

5. Día de juegos de agua: Organicen un día de juegos de agua en el jardín con globos de agua, pistolas de agua y una piscina inflable para refrescarse y divertirse.

6. Excursión a la montaña: Vayan de excursión a la montaña para disfrutar de la naturaleza, hacer caminatas y admirar las vistas panorámicas juntos.

7. Noche de observación de estrellas: Salgan al patio tras la cena y observen las estrellas juntos, identificando constelaciones y compartiendo historias sobre el universo.

8. Visita a un museo: Planeen una visita a un museo local, donde puedan explorar arte, historia o ciencia juntos y aprender algo nuevo en el proceso.

9. Carrera de obstáculos en casa: Organicen una carrera de obstáculos en el patio trasero o en casa, creando un curso desafiante y divertido para toda la familia.

10. Noche de karaoke: Diviértanse cantando sus canciones favoritas en una noche de karaoke en casa, creando recuerdos y risas juntos.

Construye puentes de comunicación con juegos interactivos y reflexiones en familia

1. Juego de palabras: Jueguen un juego de palabras donde cada miembro de la familia elige una palabra y todos comparten asociaciones, recuerdos o historias relacionadas con esa palabra.

2. Juego de roles: Practiquen juegos de roles donde cada miembro interprete un personaje y actúe una escena familiar o situación cotidiana, luego reflexionen sobre las experiencias y emociones involucradas.

3. Juego de agradecimiento: Organicen un juego de agradecimiento donde cada miembro de la familia elige una persona y comparte una razón por la que están agradecidos por esa persona, promoviendo el reconocimiento y la apreciación mutua.

4. Reflexiones en la cena: Establezcan el hábito de reflexionar durante la cena, compartiendo momentos destacados del día, desafíos superados y cosas por las que están agradecidos.

5. Juego de la verdad: Jueguen al "juego de la verdad" donde cada miembro de la familia hace una pregunta profunda y todos comparten sus respuestas honestas, promoviendo la intimidad y el entendimiento mutuo.

6. Juego de roles: Practiquen juegos de roles donde cada miembro de la familia asuma el papel de otro y expresen sus pensamientos y sentimientos desde esa perspectiva, fomentando la empatía y la comprensión.

7. Juego de la imaginación: Jueguen un juego de la imaginación donde cada miembro de la familia comparte un sueño o deseo para el futuro,

Fortalece los lazos con 15 ejercicios de expresión emocional y gratitud:

1. Diario de gratitud: Todos los días, cada miembro de la familia escribe al menos tres cosas por las que están agradecidos en un diario compartido. Al final de la semana, compartan y discutan sus reflexiones.

2. Ronda de agradecimientos: Antes de comenzar una comida familiar, cada persona comparte algo por lo que está agradecida ese día, ya sea grande o pequeño.

3. Cartas de agradecimiento: De forma regular, escriban cartas de agradecimiento a otros miembros de la familia, expresando lo que valoran y aprecian de ellos.

4. Abrazos de agradecimiento: Dediquen unos minutos al día para abrazarse unos a otros y expresar verbalmente su gratitud por su presencia en sus vidas.

5. Círculo de aprecio: Siéntense en un círculo y, por turnos, cada miembro de la familia comparte algo que aprecia de la persona a su derecha. Continúen hasta que todos hayan tenido la oportunidad de expresar su aprecio.

6. Proyecto de gratitud: Trabajen juntos en un proyecto de arte o manualidad que represente cosas por las que están agradecidos en la vida, como un mural de gratitud o un álbum de recortes de agradecimiento.

7. Reconocimiento público: Creen un ritual donde, una vez al mes, celebren los logros y actos de bondad de cada miembro de la familia, otorgando premios simbólicos o palabras de reconocimiento.

8. Día de la gratitud: Dediquen un día completo a practicar la gratitud como familia, participando en actividades como hacer voluntariado juntos o realizar actos de amabilidad hacia los demás.

9. Práctica de la respiración agradecida: Siéntense juntos en un círculo y practiquen la respiración consciente, centrándose en la gratitud con cada inhalación y exhalación.

10. Juego de roles de agradecimiento: Realicen un juego de roles donde cada miembro interprete a alguien que les ha inspirado o ayudado en el pasado, expresando su gratitud y aprecio por su influencia positiva.

11. Baile de agradecimiento: Organiza una sesión de baile en la que cada miembro de la familia elija una canción que les haga sentir agradecidos y bailen juntos, expresando su gratitud a través del movimiento.

12. Círculo de perdón y gratitud: Organicen un círculo donde cada miembro tenga la oportunidad de pedir perdón por cualquier acción pasada y expresar gratitud por el perdón recibido de los demás.

13. Lista de gratitud compartida: Mantengan una lista de gratitud en un lugar visible en la casa, donde todos puedan agregar cosas por las que están agradecidos y revisarla regularmente como recordatorio de las bendiciones en sus vidas.

14. Escuchar con gratitud: Practiquen la escucha activa y la atención plena durante las conversaciones familiares, expresando gratitud por el tiempo y la atención de los demás mientras comparten sus pensamientos y sentimientos.

15. Celebración de logros: Celebren los logros individuales y familiares con expresiones sinceras de gratitud y orgullo, reconociendo el esfuerzo y la dedicación que cada miembro ha puesto en alcanzar sus metas.

Cómo hacerlo:

- Establezcan un horario regular para realizar estos ejercicios, ya sea diariamente, semanalmente o mensualmente, según lo que funcione mejor para su familia.

- Creen un ambiente acogedor y seguro donde todos se sientan cómodos expresando sus emociones y compartiendo su gratitud.

- Fomenten la participación activa de todos los miembros de la familia, alentándolos a compartir abiertamente y escuchar con empatía.

- Sean genuinos y sinceros al expresar gratitud, reconociendo la importancia y el impacto positivo que tienen los demás en sus vidas.

- Aprovechen estos momentos como oportunidades para fortalecer los lazos familiares y cultivar un sentido de conexión emocional y aprecio mutuo.

Crea recuerdos inolvidables mientras tejes el tapiz de la conexión emocional

1. Vacaciones en familia: pllaneen vacaciones juntos donde puedan explorar nuevos lugares, disfrutar de actividades emocionantes y crear recuerdos duraderos juntos.

2. Noche de juegos en casa: Organicen noches regulares de juegos en casa donde todos puedan participar en actividades divertidas y emocionantes que promuevan la risa y la camaradería.

3. Cena temática: Organiza cenas temáticas donde cada miembro de la familia elija un tema y todos participen en la preparación de la comida y la decoración, creando recuerdos únicos y divertidos juntos.

4. Camping en el jardín: Armen una tienda de campaña en el jardín y pasen una noche bajo las estrellas, compartiendo historias, cantando canciones y disfrutando de la naturaleza juntos.

5. Día de aventura: Planifiquen un día lleno de aventuras emocionantes, como hacer senderismo, montar en bicicleta, visitar un parque de atracciones o practicar deportes extremos juntos.

6. Sesión de fotos familiar: Organicen una sesión de fotos familiar donde capturen momentos especiales juntos, ya sea en casa, en un parque o en un lugar significativo para la familia.

7. Visita a lugares significativos: Recorran juntos lugares significativos para la familia, como la casa donde crecieron los abuelos, la escuela donde se conocieron los padres o el parque donde aprendieron a andar en bicicleta.

8. Proyecto creativo en familia: Trabajen juntos en un proyecto creativo, como pintar un mural, hacer una colcha de retazos o grabar un video familiar, creando recuerdos mientras expresan su creatividad.

9. Noche de cine en casa: Organicen una noche de cine en casa donde vean películas favoritas juntos, preparando palomitas de maíz y compartiendo risas y emociones frente a la pantalla.

10. Celebración de tradiciones familiares: Mantengan vivas las tradiciones familiares celebrando eventos como cumpleaños, aniversarios y festividades con rituales y actividades que fortalez

CONCLUSIÓN

En la encantadora travesía a través de este libro de psicopedagogía, hemos explorado las profundidades del desarrollo infantil, descubriendo estrategias valiosas para cultivar el potencial único de cada niño. Desde el fomento de habilidades sociales hasta la promoción del autocuidado y la celebración del progreso emocional, hemos aprendido cómo nutrir el crecimiento integral de nuestros pequeños con amor, comprensión y dedicación.

Este viaje nos recuerda que, como padres, educadores y cuidadores, tenemos un papel fundamental en el camino de nuestros niños hacia la realización personal y el éxito. Cada página nos invita a abrazar la diversidad, a enfrentar los desafíos con resiliencia y a celebrar cada logro, por pequeño que sea.

Al cerrar este libro, llevamos con nosotros no solo conocimientos prácticos, sino también un renovado sentido de empoderamiento y esperanza. Nos damos cuenta de que, con las herramientas adecuadas y el amor incondicional, podemos ser arquitectos de un futuro brillante y lleno de posibilidades para las generaciones venideras.

Que este libro sirva como faro de inspiración y guía en nuestro viaje continuo de crianza y educación, recordándonos siempre que el mayor regalo que podemos ofrecer a nuestros niños es el apoyo inquebrantable en su búsqueda de felicidad, éxito y plenitud.

BIBLIOGRAFÍA

- Bruner, J. (1983). "Juego, Pensamiento y Lenguaje". Ediciones Morata.Gardner, H. (1993). "Estructuras de la Mente: La Teoría de las Inteligencias Múltiples". Fondo de Cultura Económica.

- Goleman, D. (1995). "Inteligencia Emocional". Editorial Kairós.Piaget, J. (1972). "Psicología y Pedagogía". Ediciones Morata.Vygotsky, L. S. (1986). "El Desarrollo de los Procesos Psicológicos Superiores". Crítica.

- Seligman, M. E. P. (1998). "Aprender a ser optimista: Cómo descubrir el poder de la esperanza". Ediciones B

- García, E., y González, J. (2006). "La Educación Emocional en la Práctica". Ediciones Morata.